丸く尖る発信で仕事を創る

共感SNS

Sympathy SNS

ゆうこす

幻冬舎

共感SNS

丸く尖る発信で仕事を創る

#はじめに

皆さんこんにちは！

「モテる為に生きてる」というキャッチコピーで〝モテクリエイター〟と名乗り、YouTube・Instagram・Twitter・ブログ・生配信と様々なSNSで「モテに関する情報」を発信している、ゆうこすと申します！

私はHKT48というグループに約半年間所属していたのですが、2012年に脱退。そして脱退直後にありもしないデマ情報で炎上。テレビや新聞、ネットや週刊誌で批判を受けました。炎上のせいもあってか、当時始めたTwitterのフォロワー数は1日で一気に2万人まで伸びたのですが、イベントを開催してもファンはたった3人しか集まらず、結局ニート生活。

しかし、ニートで自由な時間だけはたっぷりとあったので、自分と改めて向き合うことに。

2016年から自分のやりたいことを失敗と成功を繰り返しながらSNSで一人で発信し続け、2019年2月現在、SNSの総フォロワー数は150万人を超えました。そして、元アイドルですがフォロワーの約8割が女性です。

培ったソーシャルパワーのおかげで、私の人生は激変。

現在は会社を立ち上げ、インフルエンサーとしての発信はもちろん、スキンケアブランドを立ち上げたり、タレント育成や飲食店経営など様々なことに挑戦しています。年商は2億円ほどです！　冒頭からこういう書き方をすると怪しいと思われないかなと心配だったのですが、SNSでお金もしっかり稼げているということが誰かの希望になればと思い……！

今ではテレビCM、電車の広告、雑誌、ネット媒体、毎日色んな場所で自分を見るようになり、街を歩けば「ゆうこすちゃんだ〜！」と声をかけてもらえるようにもなりました。ファンのみんな、いつも応援ありがとう!!

私は「モテクリエイター・YouTuber・インスタグラマー・モデル・タレント・経営者」と、

色んな肩書きがあるのですが、最近は企業さんからSNSコンサルのお話を頂いたり、講演会に〝講師〟として呼んで頂けるようになったりしたので、「SNSアドバイザー」という肩書きも追加されました！

色んな場所で講演をしたり、相談を受けたりする中で私が強く感じているのは、多くの人が〝フォロワー数を増やすことだけ〟に気を取られてしまっているのはもったいないということです。

上から目線のようですみません。でも、私が2万人のフォロワーがいたのにイベントでたったの3人しか集まらなかったように、数だけでは本当に意味がないんです。それよりも、SNSではフォロワーさんがどれだけ自分や自分が発信する内容に共感してくれていて、どれだけ熱量を持ってくれているのかを一番意識すべきです。

フォロワーが劇的に増える「インスタントなノウハウ」を真似ても、発信力のあるアカウントをつくることはできないですし、ましてやその先にある夢を叶えるなんて不可能だと私は思うのです。

本書では、私がこれまでに培ってきたSNSの効果的な使い方をできる限りわかりやすくお伝えしていきます。どのように自分をブランディングし、新規フォロワーを獲得し、フォロワーをコアなファンに高めていったのか。そして、どのようにSNSを仕事につなげ、お金を稼いでいるのかをすべて隠さずに公開しようと思っています！

SNSで発信したいことがある方・叶えたい夢がある方・ブランドを立ち上げてSNSで宣伝していきたい方・企業のマーケティング担当の方・SNS運用担当の方……様々な方に楽しんで読んで頂けたらなと思います！

私はお偉い学者さんでも無いですし、ビジネスをきちんと学んだ訳でも無いので、私と同年代の女の子でもわかる簡単な言葉で書いています。

が、**失敗も成功も味わった私にしか語れない〝リアルな経験〟**をたくさん盛り込みますので、既にブランディングについて詳しい知識がある方にも、独自のブランディングが成功した事例として楽しんで頂けたら幸いです。

自分で言うのもなんですが、お金もコネもない20代前半の女の子がSNSだけで、同世代の女の子から起業家、企業のマーケティング担当者にいたるまで様々な人から応援して頂けているって、とても夢のある話だと思います。書いていて、波乱万丈な人生すぎてずっと笑っていました（笑）。

この本を手に取って下さった方が、読んだ後に「ゆうこすがやってるんだから、自分にもできるかもしれない！」と、一歩を踏み出すきっかけになれたらと思っています。

実は「SNSアドバイザー」の肩書きを得て、このような本を出版するということは、3年前から決めていました。

一見あざとくてバカっぽい女の子が、実は3年も前から今の自分をイメージしててSNSでコツコツブランディングして理想の自分に近づいた。

第1章はそんな自分ブランディングの話から始まります。

第2章では、知名度0からフォロワーを増やす実践的な方法を。第3章では、フォロワーから〝ファン〟になってもらうためのテクニックを。第4章では、SNSで培ったソーシャルパワーにつなげる方法を。第5章では、自分でブランドや事業を立ち上げるには何をすればいいのか、について書いていきます。

章ごとに#（ハッシュタグ）を付けているので、

#共感SNS
#章のタイトル

を付けて、ぜひSNSで自分の感じたことや、挑戦したいこと、色んなことを発信してみて下さい。発信しながら読むことで、他の読者さんともつながれますし、この本で吸収したことの「実践」にもなります。〝発信〟までセットにすると、この本をより深く楽しんで頂けるのかなと思います。

発信して下さった方には、私も〝いいね！〟しに行きます！

第1章

#SNSの自分づくり

第2章
#知名度0からフォロワーを増やす

第3章

#フォロワーをファンに

第4章

#ソーシャルパワーを仕事にする

第5章

#SNSでブランドをつくる

第1章

#SNSの自分づくり

ＳＮＳでなりたい自分をつくる

ＳＮＳを通してやりたいことはなんですか？

なぜ、ＳＮＳで発信力をつけたいと思っていますか？


この本を手に取って下さっているのは、ＳＮＳで発信力をつけて「稼げる」ようになりたい、あるいは仕事につなげたい、商品やサービスを広めたいと思っている方だと思います。

そのためにフォロワーを増やしたい、自分の知名度を上げてファンをつくりたい、と思っている方が多いと思うのですが、この「願い」の部分にとらわれすぎてしまってはいないでしょうか？


「どうやったらフォロワーが増えますか？」

「どうしたら、ゆうこすみたいにＳＮＳで稼げるようになりますか？」

こういった質問をいただくことが多いのですが、私自身、いきなりフォロワー数が増えたわけではありません。２年くらいかけて少しずつ少しずつ、フォロワーの皆さんと信頼関係を築きながら、一緒に成長してきました。

正確にお話しすると、フォロワーを増やすためのテクニックはありますが、「はじめに」でも書いたように、ノウハウだけを真似ても熱量のあるアカウントをつくることはできないと思います。

ＳＮＳで発信力をつけ、それを仕事にしたいと思ったら、まずは冒頭の質問に対する簡潔な答えを持つこと。これがないと、フォロワーはどうやって支持したらいいか、どうやって応援をしたらいいのかわかりません。**自分のやりたいことや方向性を語り、思い入れを持ってもらうことがどんなテクニックよりも、一番大事なのです。**

第１章では、ＳＮＳでどんな自分を発信したいのか？　発信者としてのブランディングの仕方についてお伝えしていきたいと思います。

寝食を忘れられる軸を見つける

私は、どんな自分になりたいんだろう?

SNSを始めた2016年頃、私には発信する上での理想像、「なりたい姿」が見えていませんでした。

HKT48を脱退した直後に始めたTwitterは、元アイドルということもあり、いきなり2万人ものフォロワーがつきました。

でも、そのほとんどは興味本位でフォローした人やアンチのような人ばかり。

グループを脱退した私には、何をつぶやいても「死ね」「おっぱい見せろ」と否定的なリプばかりが送られてきました。

だけど、絶対に「落ちぶれた」とは思われたくない。私はただその一心で、アンチと闘うように「今も充実しています」「毎日幸せです」というアピールのような投稿を繰り返していました。

何か新しい肩書きをつくりたくて、「料理アイドル」として活動した過去もあります。

この頃の発信と言えば、2ヶ月に1回くらいクオリティの低い料理の写真やレシピを投稿するだけ。今では考えられないくらい、圧倒的な熱量のなさでした。

もちろん、そんな私にファンがついてくれるはずもなく、仕事もゼロ。「料理アイドル」とは名ばかりの、ほぼニートでした。

「料理アイドル」としては、まったく稼ぐことができなかった敗因は、「ビジョンが描けていなかったこと」だと思います。

なぜ料理なのか？　どんなジャンルの料理をつくる人なのか？　他の料理研究家にはない特徴は何か？　もし、インタビューを受ける機会があったとして、こんな質問をされても、きっと答えられなかったと思います。

さらに成功できなかった理由は、もう一つあります。

それは、私が心からワクワクできるテーマを選べていなかったことです。

料理よりも好きなゲームをしたり、SNSのありとあらゆるアカウントを見たりする時間の方がずっと楽しくて、料理について考える時間は一日の中でほんのわずかでした。


自分がワクワクすることじゃなければ、発信しても意味がないし継続できない。

今なら、はっきりとそう断言できます。

SNSは、発信する人の熱量がそのままフォロワーに伝わってしまう場所だからです。中途半端なモチベーションで発信していては、発信力も影響力もつけることはできないのです。


私自身、「モテる為に生きてる」という自分が本当に追いかけたいテーマで発信するようになってからは、寝るのも忘れるくらい没頭できました。

どんな投稿をしたらフォロワーに喜んでもらえるかな？　と考えながら、モテるコスメやファッションコーデを載せる。可愛い写真を載せたいから、写真の撮り方や加工の仕方を研究する。

フォロワー目線で考えながら、毎日のように投稿できるようになったのも、本当に好きなテーマが見つかってからです。

自分が心からワクワクできるテーマは、そのまま発信する上での「強み」にもなりますし、発信力のあるアカウントをつくる上ではとても重要です。

心からワクワクできるものとは、お金がもらえなくても、やりたいと思えるもの。反応があまりなくても続けられるもの。そういうものだと思います。

漫画のようにセルフプロデュース

なりたい自分、発信したいテーマが絞れてきたら、自分の強みを見つけるためにも、ここからは、「SNSの自分」をどうブランディングしていくかを考えます。

SNSの自分と聞いて、皆さんは何をイメージしたでしょうか。

SNSの自分と現実の自分を分けよう！　無理やりキャラを演じよう！　と言っているわけでは

ありません。ＳＮＳの自分を俯瞰《ふかん》して、まずはブランディングから始めようということです。

自分のことって、自分が想像している１００倍くらい、実は相手に伝わっていない。このことを理解しておかないと、ＳＮＳの世界では戦っていけないと思っています。

発信しているのは自分なので、相手も全部見てくれている気になってしまう。けれど、相手は自分の投稿全てを追っているわけではない。自分が思ってる以上にしっかりと自分のことを伝えないといけないと思います。

私、菅本裕子のＳＮＳの自分は「ゆうこす」です。

「ゆうこす」というキャラクターを見ながら、私はゆうこすの**夢**や**これから**の**ストーリー**を**ブランディング**しています。

そうすることで**自分バイアス**（自分だけの偏った思い込み）がかかって気づけなかった自分のアピールポイントが見つかったり、より深く自分を知ることができたりします。

俯瞰することで、よりしっかりとブランディングができるようになるのです。

私はSNSの自分をブランディングする際、

❶どんな主人公なのか
❷どんなストーリーなのか
❸どんな人に見てほしいのか

と、まるで漫画の設定のように考えています。

ここから、この3つのポイントについて詳しくお話ししていきます。

皆さんもぜひ、自分のアカウントを漫画の主人公だとイメージしながら読んで頂けると楽しいと思います！

1 あなたはどんな主人公？

つねにSNSでチェックしたくなるような、思わずフォローしたくなるような、そんな応援できる人（または企業アカウント）ってどういう人でしょうか。

HKT48という華やかなアイドル時代も、売れないお料理タレント時代も経験したからこそ、私は〝応援される人〟という人はどういう人なのかを考え続け、かなりこだわるようになりました。

夢や願望だけでは応援（フォローすら）できない

全く無名の人が街で人混みに向かって
「私は女優を目指しています！」

「私どもの会社はこういうコスメをつくっていて多くの女性を綺麗にしたいんです！」

などと、自分の夢や願望だけを話していたとしましょう。

一体、何人が振り返り、話を聞き、「応援したい！」と思うでしょうか。


街で立っているならまだしも、**SNSの世界は「画面」**です。

ゆうこす♡菅本裕子
@yukos_kawaii

女優を目指してます！
ぜひ応援して下さ〜い！

「私は女優を目指してます！」とツイートしたとして、このツイート1つで〝応援〟や〝共感〟につながることは絶対にありえません。

では、夢や願望だけでなく、何をプラスして発信すると〝**共感**〟を生めるのか。
それは、〝**理由**〟や〝**想い**〟だと思います。

どうして私は女優を目指しているのか。
どうして多くの女性を綺麗にしたいのか。
それがどうしてコスメだったのか。

ここまでセットで発信して、初めて興味を持ってもらえると思います。

とは言え、いきなり「理由！」「想い！」とたずねられて、すぐにスッと出てくるでしょうか。しかも**SNSは秒の世界**。より簡潔にキャッチーな言葉で相手を引き止めたいですよね。そのためには、何をすればいいでしょうか？

私はニート時代、自分への「何で？」を考えていくクセを付けていました。それは今でも続けていますし、現在私の会社で育成中のインフルエンサーにも毎月の面談で「何でタイム」を設けています。この「何でタイム」を習慣にすることで、自分の夢への〝理由〟や〝想い〟が明確になり、それを発信することが共感されるアカウントをつくる第一歩になります！

しかし、自分に**「何で？　何で？」**と問いかけるって、簡単なようで意外と難しい。それは、自分では「何で？」と聞くまでもなくわかっているつもりでいる**〝つもり〟**のことが多く、**自分バイアス**がかかっているからです。なので、最初は家族や友達に協力してもらい、2人ペアで素直に「何で？」と聞き合うのをオススメします！

モテクリエイターになりたいです　何でモテクリエイターを目指したの？

モテたい気持ちが昔から強かったから　何でクリエイターなの？

動画編集とか好きなんです　どうしてモテたいの？

昔から好きな男の子のことばかり考えていて　それは何でかな？

可愛いと言われることが好きなんです　どうして可愛いと言われたかったの？

とにかく褒められることが好き、
だからアイドルになったのかなあ　どうしてまたアイドルにならなかったの？

多くの人に届けたかったから　何で多くの人に届けたいの？

ぶりっ子って別に悪いことじゃ無いのに
中高の時ぶりっ子ってだけでいじめられたから　何でそれを発信したいの？

発信することでぶりっ子ちゃんが
自信持ってくれたら嬉しいなあと　何でそれを発信したいの？

私が〝モテ〟をポップに明るく発信することで、ぶりっ子ちゃんが自信を持ってくれたら嬉しいなと思い発信しています！

夢や願望を発信する人は多いのですが、〝理由〟や〝想い〟まで知って、初めて人は心を揺さぶられますよね！

そして、これらを短いキャッチーな言葉で語ることで、フォローしてくれた人が周りの人に紹介したい、とまで思える。ＳＮＳではこれが本当に大事です。

最近は一般の個人のアカウントでも、友達や家族をあわせると、50～１００人ほどフォロワーがいることが多いので、熱量のある想いが10人に届いて、その想いを引用リツイートしてくれたら！　超単純計算ですが、５００～１０００人に届くんです！

ＳＮＳを始めた頃、私には女性フォロワーさんは全くと言っていいほどいませんでした。

けれど、毎日Ｉｎｓｔａｇｒａｍやツイキャスで女の子に向けて〝モテ〟に対する想いを語り、

「共感してくれた方は、ぜひ私のネットに落ちてる写真何でも使って大丈夫なのでお手紙書いて下

ゆうこす♡菅本裕子 @yukos_kawaii · 2017年5月16日
みんながインスタにタグ付けしてくれてるおかげでフォロワーさんが増えてる！みんなのおかげで、私の事を知る人が増えてる！本当に本当にありがとう、本当に嬉しい！

さい！　いいねとコメント返しに行きます！」という発信をしばらく続けていました。

すると、「友達からの紹介でフォローしました！」というコメントがもらえるようになり、日に日にフォロワーさんは増えていったのです。

〝理由〟と〝想い〟を「何で？」としつこく深掘りしていくことには、もう一つメリットがありました。それは、夢を叶えるまでの手段を柔軟に考えられたことです。

人は何かに向かって頑張っていると、途中で〝手段が目的化〟してしまうことがよくありますよね。

モテを発信したいからＩｎｓｔａｇｒａｍを始めたのに、Ｉｎｓｔａｇｒａｍのフォロワーを増やすことに必死になってモテ情報以外のこともたくさんアップし出した等、もちろん私も、そういう経験はありました。

軸がブレた発信をすると、既存のフォロワーさんは困惑しますし、私も自分で自分が何をしたいのかわからなくなってきて落ち込んでしまいました。

けれど、改めて自分の〝理由〟と〝想い〟を振り返ることで、色んなＳＮＳの特徴に応じた届け方を手段として考えることができました。

〝理由〟と〝想い〟を他人に語れるくらい明確化しておくことで、他の発信者さんから頭一つ飛び抜けられると思います！

わかりやすい旗を振りかざす

私はアイドルを辞めた後の2015年に「ファンイベント」を行いました。

正直に言います！　お金のためです！

当時Twitterのフォロワー数は2万人を超えていたし、元アイドルだし、人は集まってくれるだろうと。3000円のチケットで、100人規模のスペースを借りて。

しかし集まったのは、たったの3人。

悔しさと恥ずかしさと来てくれた3人への申し訳なさから、私はどうかしちゃったのか、その3人に「どうして私なんかのことを応援しているの？」と無神経なことを聞いてしまったのです。今思うと、とんでもないな……。

来てくれた3人のファンは、「うーん……」と、とても気まずそうに言葉を探していました。

そして、3人しかいないのに彼らは私とは話しても、〝ゆうこす〟という共通の趣味があるファン同士では全く喋っていないようでした。

私はこの時、自分が「旗」を掲げられていないことに気付きました。自分と**フォロワー**さんとの**共通認識**になるような「旗」を私が振りかざさないと、何を応援したらいいかもわからないし、「一緒に応援しよう！」という、応援している人同士の横のつながりも生まれないんだなと深く反省しました。

その後、**私の「モテたい」という気持ちは男性に向けてではなく、ぶりっ子したい女性の皆さんに共感してもらいたい**という想いに辿りつきました。そこで、「ぶりっ子や〝モテたい〟という気持ちを発信して、ぶりっ子界のトップになる！」という旗を振りかざし発信を始めたところ、フォロワーさんが、

「YouTubeで発信始めてみたら？　今すごく人気だよ！」

「動画編集お手伝いするよ！」

「雑誌の〝出て欲しい芸能人〟のアンケートのコーナーにゆうこすと書いておいたよ！」

と自発的に動いてくれ、その動きを私は感謝の気持ちとともに引用リツイート。

どんどんその動きが加速していったのです。

確かに私も、大好きなアーティスト（銀杏ＢＯＹＺ）さんのお手伝いができるとしたらとても嬉しいし、自分に何ができるかと必死に探すなあと、改めて考えさせられました。

皆さんはどうでしょうか？

アカウントをつくったばかりの時は、**新規ユーザー獲得を意識するより先に、コアなファン**を数人でもいいので集め、そのコアなファンと一緒に自分（または企業）を広めていく！

私自身、この考え方にしてから、フォロワーの伸び方が目に見えて変わっていきました。

呼び捨てしやすい名前を付ける

「ゆうこす」

この名前に関しては、今でも発明だなあと思っています。

「ゆうこ」という名前は、小倉優子さんの影響で「ゆうこりん」というあだ名が付くのが王道ですよね！「ゆうこす」のように「す」が付いたあだ名はあまり聞いたことが無かったですし、漫画のキャラクターっぽくてわかりやすい。さらに男女問わずポップに呼べて、「モテ」や「ぶりっ子」というイメージにもつながりやすい。

あだ名のようなキャッチーな名前があると、フォロワーが親近感を持ちやすいのではないかと思います。私の名前も、本名の「菅本裕子」より「ゆうこす」の方が、なんとなく距離が近い感じがしませんか？

他にも「はあちゅう」さんや「イケハヤ（イケダハヤト）」さん、YouTuberの「HIKAKIN」さんや「みきぽん」さんなど、SNSで影響力を持っている人には、「みんなが呼びやすいあだ名がある」という共通点を感じます。

パソコンやスマホの画面を通して見ている人にとって、呼び捨てにしやすいキャッチーな名前があれば、親しみやすくなります。友達との会話の中でも名前を出しやすいですよね！「昨日のHIKAKINのYouTube見た？」という具合に。

その他にも「ゆうこす」というキャッチーな名前のおかげで得られた**3つのメリット**をご紹介します！

❶みんなが読める

私のように漢字が苦手な人にとっては、重要なポイントです（笑）。
読めないと会話にも出しにくいので、世間に広がりにくいという側面があると思うのです。

私の本名「菅本裕子」は「すがもとゆうこ」と読むのですが、どう読むのが正しいのか迷う人もいると思います。「かんもとゆうこ」「すがもとひろこ」と読むこともできますよね。

でも、「ゆうこす」であれば、**一目で正しくインプット**できます。

❷ハッシュタグの分散を避けられる

SNS上で反響を起こしたいと思ったら、名前のハッシュタグは1つにしたいところです。

ただ、本名で活動していると、漢字ミスによる分散が起きてしまうことがあります。

実は私も、何度これで泣かされたかわかりません。「管元裕子」「管本祐子」「菅本ゆうこ」など様々な表記でタグがついてしまった時は、大きな反響にはつなげられませんでした。

「ゆうこす」という名前は、誤字や変換ミスが起きにくいという点でも、よかったと思っています。

❸別人格をつくれる

「SNSで自分の意見を発信するのは恥ずかしい」

「ちょっと尖《とが》ったことを発言して叩かれると、ものすごく落ち込む」

本名で活動している人の中には、こんな風に感じたことがある方も多いのではないでしょうか。

そういう時は「別人格を演じる」感覚で発信してみると、少し気持ちが楽になります。

本名ではない名前があれば、**生身の自分のまま発信するよりも勝負しやすくなる**と思うのです。

芸能人が芸名で活動するのと近い感覚ですね。

私自身は「ゆうこす」を演じているという感覚は無いのですが、元気が無い時やイベント登壇で緊張してしまう時は「私はゆうこすだから大丈夫」と思うと自信が生まれます。「ゆうこすモード」に入ると、誰かに背中をバーン！ と押されるように、勇気が湧いてくるのです。

また、尖ったり、ちょっとネガティブな内容を発信しようかどうか迷ったりする時にも、「ゆうこす」ならこんなことは言わないな、と自分を俯瞰して判断することができます。

キャッチーな名前をつくっておけば、発信者としてのブランディングがしやすい、という点でもメリットがあると思います。

お仕事でSNSを使っている人や、本名で活動したい人はそのままでもいいと思うのですが、あだ名に抵抗が無い人はぜひ、漫画のキャラクターをつくる感覚で、自分の強みに合うキャッチーな名前を考えてみて下さい！

唯一無二の肩書きをつくる

ＳＮＳを通して私がお仕事を頂けるようになったのは、「モテクリエイター」という肩書きを名乗り始めてからでした。

それまでも「モテる為に生きてる」というキャッチコピーをプロフィール欄に入れていたので、何を発信している人なのかはわかってもらえました。ただ、それだけでは「仕事」にまではつながらなかった。

「モテクリエイター」と名乗ったからこそ、それを仕事としてやっている人として認識してもらえるようになったのです。

仕事につなげたいと思ったら、肩書きもつくっておいた方が有利です。

「肩書き」は、「フォトグラファー」「モデル」「ライター」など、一般的なものでもいいのですが、私のオススメは「唯一無二の肩書き」です。

「モテクリエイター」は私がつくった造語なので、検索しても私しか出てきません。

「クリエイター」という一般的な肩書きに、私の強みである「モテ」を掛け合わせる。「モテをクリエイトする人」ということの肩書きは、何か表現活動をしているということと、「モテたいと思っている女の子たちの背中を押したい」という私の気持ちを伝えられます。

このように、「一般的な肩書き」に「自分の強み」をプラスした肩書きは、見る人に自分がどんなキャラクターなのか伝える上でも、とても役に立ちます。

立ち位置を間違えない

ファッション誌やファッションショーに出させて頂いたり、「ゆうこすが着ていた服を真似して買いました！」というコメントを多く頂けるようになったりした今、この話を書くのはちょっと勇気が必要で、まだ一度も話したことが無いのですが、

実は、私は**「ダサい界のトップになる」という裏テーマ**を決めて発信をしています。

一度も自分をファッションリーダーだと思ったことはありません。

ご、誤解を生みそうなので、説明させて頂きますね!!

Ｉｎｓｔａｇｒａｍを始めた当初思ったのは、「顔」「スタイル」「オシャレさ」という、みんなが競っているものを自分の強みと設定してしまうと、あまりに戦う相手が多すぎるということでした。そこで、私の強みや立ち位置を改めて見直してみました。

（ゆうこすの強みは〝モテ〟じゃないの？　と聞かれそうですが、その〝モテ〟をどのように人に伝えていこうか悩んでいた時に、Ｉｎｓｔａｇｒａｍはコーディネートをアップする人が多いので、

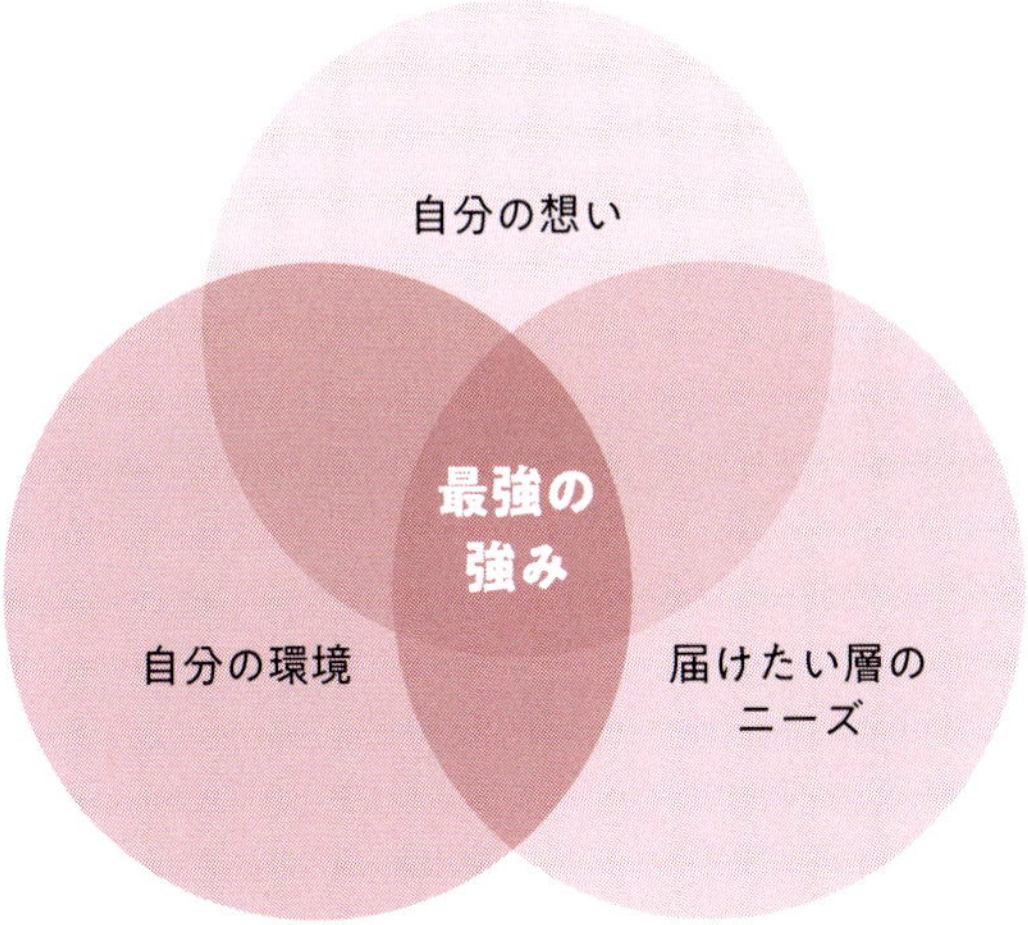

そこに何か絡められないかなと思ったんです)

まず、自分の想いと、届けたい層のニーズ、そして自分の環境。この3つを照らし合わせて考えてみました。

自分の想い……女の子のフォロワーさんを増やしたいからInstagram! ファッションの投稿はやっぱり人気だし、モテと絡めたい。服は好きだけど、でも、そもそも本当にオシャレな人は自分で流行をつくり出すけど、私は完全にミーハーで、お店に行ったらマネキン買いしてしまうタイプだ……。〝オシャレ〟では無い!

届けたい層のニーズ……モテコーデが好きな子が求めているのは、雑誌「NYLON」のような最先端ファッションというより、絶対に王道のファッション。一見普通なんだけど、でもどこかこだわりがある、そんなモテポイントのあるコーデが好きだろう。モテってみんな意識してることなのに、意識してるのがバレるコーディネートをすると冷たい目で見られる。

自分の環境……お金も無い！　コネも無い！　ブランドの展示会なんて行けない。

文字にすると、状況を把握しやすくなりました。

できないこと・苦手意識が強いもの・そもそも楽しめないものを無理してやってもできないですし、自分にできることをやった方がいい！　この図を見ながら考えて出た答えが、

芸能人やモデルさんって、フォロワーの何歩も先を進んで夢を売っているけれど、私は**フォロワーと芸能人の丁度中間**あたりを目指そう。

誰よりも早く、芸能人やモデルが着ているトレンドコーデを、誰でも買えそうな金額のアイテム（去年の物や都内でしか手に入らないものはNG）で、真似しやすく、そして派手すぎるものは地方でも着られるようなコーデに整えよう。

さらに、必ず〝モテポイント〟を1つ入れてオリジナリティーも出そう！

「憧れ」ではなく「真似しやすい」をテーマにしよう、でした。

フォロワーさんからの「真似しやすい」をゴールにしたので、コーディネートの説明をかなり細かく、文章や写真でするようにしました。

そのおかげでファッションにコンプレックスを持っていた子や、芸能人のコーディネートを見てもどう参考にすればいいかわからなかった子たちが、ゆうこすのコーディネートは「真似しやすい」と言ってくれ、**丸々一式マネキン買いしてくれる子が増えたのです。**

私も私のフォロワー層も、周りの目を気にしない独自の道を行くバリバリのオシャレでは無いと思っています。

どちらかと言えば、流行や人気を意識したミーハーな子が多い。

そういう意味でキャッチーに〝ダサい界のトップ〟と言ったのですが、自分の立ち位置を無理して上げすぎることなく、俯瞰して見て自分にできることを全力でやったおかげで、反響は生まれたのだと思っています。

他人からこう見られたい／見られたくないと思いがちですが、自分を縛るプライドは思いきって捨ててみましょう！

丸く尖る

私はかつて、誰かを攻撃するようなツイートや、わざと炎上を狙ったツイートで「いいね」数を稼いでいた時期がありました。

けれど、その方法はオススメしません。私はそういうやり方はもう一切やめました。誰かを傷つけたり、誰かを責めたりすると、必ず同じように攻撃的なコメントが返ってくるからです。

そうやって注目を集めると、攻撃的なフォロワーさんだけが残るので、後々自分が辛くなります。

それに、フォロワーが増えて仕事につなげようとした時、仕事相手（大きな企業になればなるほど）は、炎上をかなり気にされます！　やはり一緒にお仕事してトラブル起こしたくないですもんね。

発言をする時は、いろんな立場を想像して俯瞰する。**誰も傷つけない、誰も挑発してない。**けれど、埋もれるような内容ではなく尖っている。「丸く尖る」を意識して発信できるようになってからは、大手クライアントからもお仕事を頂けるようになりましたし、フォロワーさんが本当に温かい人ばかりになり炎上もしなくなりました。

2　どんなストーリーにする？

フォロワーから愛される主人公像ができたら、次はストーリー設定です。

どんなに魅力的な主人公でも、同じような話が続いたり、全く展開が無かったりすると、読み手も正直飽きてきちゃいますよね。

SNSも同じです。楽しみに見てくれる相手がいて、初めてSNSは成り立ちます。

見てくれている人をワクワクさせるという意味でも**ストーリー設定**は重要。自分の中で計画性を持って発信することで、後から振り返って反省することもできます。

理想の最終回に向けて目標を決める

主人公には、どんなラストを用意してあげたいでしょうか?

最終回には、主人公が好きなこと、やりたいことで夢を叶えていてほしいですよね。「人気者になる!」「ブランドを立ち上げる!」というくらい漠然としたものでもいいので、まずはあなたにとっての理想のゴールを設定してみて下さい。

最終回が決まったら、今度はどうすればそのラストを迎えられるかを考えます。夢を叶える方法を考えるというと、難しく捉えがちですが、ゴールから逆算すればやるべき行動がはっきりします。「夢」を分解することで、その夢を叶えるために必要な「目標」を細かく設定することができるのです。

皆さんは何年後にどんな最終回を迎えたいですか？

そのためには、半年後にどのような主人公になっていなければいけないでしょうか？

夢を「具体的な目標」にすることができたら、次はそれをいつまでに達成するべきか、私はスケジュールを立てています。

最終回に向けて、**何話目**までにどんな**展開**にしておきたいのかを考えるのです。

私は、いずれは今のように表に出てお仕事をするのではなく、プロデュース方面に回りたいと考えています。そのためにやっておくべきことを「目標」として設定して、3年後くらいまでの人生の筋書きをつくっています。

私のオススメは、大きい画用紙に、いつまでに何をしたいのかを大まかな図にして描く方法。

そうすることで、自分が今何をすべきなのかを視覚的に確認でき、定期的に挑戦できます。さらに、応援してくれているフォロワーの皆さんを飽きさせず、より好きになってもらうこともできました。

SNSは時代の流行に左右されるので、私は計画通りよりも時期を待たずに、すぐに行動に移してしまうこともよくあります。

でも、ある程度自分の人生のスケジュール感を決めておくと、計画が立てやすいのは確か。変更になってもいいので、計画を立てておき、それをフォロワーさんと共有して、目が離せない〝応援したくなる〟発信者を目指して欲しいです！

目標を習慣に落とし込む

私はスケジュールを立てるのが好きなので、つくった目標をさらに細かくやるべきことに落とし込んだ「TO DOリスト」もつくっています。

最近は、**「今日やること」「1ヶ月以内にやること」「毎日チェックすること」**の3つのリストを

・iPhoneのメモ帳でつくり、つねにパソコンの画面に表示しておくようにしています。

例えば、こんな感じです。

▼今日やること（連番を振り、終わったものから消していきます）

1　誕生日の動画撮影
2　動画編集担当・デザイナー募集
3　取材を受けた記事の拡散

▼1ヶ月以内にやること

・ファンイベント開催
・名刺デザイン
・インスタ自己紹介ハイライト

・Twitter自己紹介モーメント
・TaVision資料作成
・youangeボディークリーム／パックサンプル制作

▼毎日チェックすること（これは夜寝る前のルーティンです）

SNS
・Twitter
・Instagram（タグ検索、タグ付けチェック）
・ストーリーズ
・SHOWROOM
・ブログ
・YouTube
・公式LINE
・日報確認

これをつくっておくと、忙しくて余裕がない時にも頭の整理がしやすくなりますし、SNSを〝習慣〟にできるのでオススメです。ついつい今日は何も発信していなかった、なんてことも無くなりました。

目標を立てられたらぜひ、このリストまでつくってみて下さい！

挑戦がないと飽きられる

挑戦して、失敗して、それでも立ち上がって努力している姿に人は惹かれますし、思い入れが生まれますよね！　何度スラムダンクを見て泣いたことか……。

挑戦するということは、いい意味でフォロワーを裏切るということ。

〝今〟の自分を応援してくれ、共感してくれる人を一度裏切り、そしてまた魅了する。

この挑戦が無くなってしまうと、発信者としての寿命は短くなってしまうと思います。

けれど、人は〝今〟に必死で挑戦ができなくなってくる生き物だとも思います。

特に少し成功してくると、新しいことにはなかなか挑戦しづらくなる。

私はYouTubeを始めて、PR案件を頂けるようになってきた時、毎日の仕事をただこなすのに精一杯で、何も挑戦できてない自分に気づけたきっかけはYouTubeの「低評価」でした。

あまりにも低評価の数が減っていたのです。

これは一見良いことのように思えます。けれど、低評価が減っていくにつれて、日に日にコメント数も減っていたのです。

このままではきっと飽きられる、何かに挑戦しなければと感じさせられ、改めてスケジュールを立て直しました。そこから、スキンケアブランド立ち上げなどに取りかかったのでした。

SNSの失敗をプラスな注目に変える

「アンチが現れたら怖いから……」

「失敗するのが怖いから……」

SNSが怖い。そういう人も少なくないと思います。

けれど、むしろ**失敗ってあった方がいい！　それすらも発信した方がいい！**　と言うと、どう思いますか？　嘘だろうと思われますか？

失敗があった方が、むしろそのストーリーは面白くなります。最初からずっと成功し続けている話なんて、ヒットしません。

それに、失敗しない人間なんていないと誰しもわかっているので、そこをさらけ出すことで人間味を感じてもらえます。

ただ、その失敗をネガティブに書くのでは意味がなく、見てくれている、応援してくれているフォロワーさんを楽しませる意識を持つことが大事です。

「今回○○で失敗しました。ご迷惑をおかけしてしまった方々、本当に申し訳ございません。今、その失敗を踏まえて□□に挑戦しています！」

「前回の失敗の○○が、少しずつ改善されています！　もしアドバイス等あったらコメントお願いいたします！」

失敗は必ず前向きに、かつフォロワーを巻き込みながら発信すると決めておくと、失敗はむしろプラスの材料になります。

失敗が怖い人も、「漫画のストーリーを生きている」と思えば、楽しみながら考えられるはず。それによってフォロワーの熱量も上がりますし、自分自身ポジティブな性格になってくるので、オススメです。

ここで、私がとても感動したプレスリリースを1つご紹介させて下さい！

「ズボラ旅」という旅サービスを打ち出した初日に、想像の何倍もアクセスが殺到して顧客対応ができなかったHotspringという会社は、なんとその数時間後に、**謝罪プレスリリース**を発信したのです。

ズボラ旅、パンクの解消と今後についてのお知らせ

株式会社Hotspring

2018年6月19日 14時21分

4 いいね！ シェア ツイート はてな 画像DL その他

◆本当にごめんなさい！
まず『ズボラ旅』のリリース直後から多くの方にご相談をいただいたにもかかわらず、対応しきれなかったことにつきまして、あらためてお詫び申し上げます。

対応しきれなかった理由は、わたしたちの準備不足によるものです。わたしたちは『ズボラ旅』は素晴らしいコンセプトであると信じていたつもりでしたが、結果として想像以上の反応をいただくことになってしまい対応が追いつかなくなってしまいました。

今後同じことが起きないように、『ズボラ旅』チームの体制強化と対応フローの改善を継続して実施しております。

最近ではパンク状態は解消しており、受付時間中にいただいたご相談に対しては、当日中に何かしら返信できている状況です。

また、日ごとに1日あたりの受付できる人数を増やすことができております。またサービスの質も向上できているものと自負しております（ありがたいことに、お褒めいただける機会が増えていることを実感しております）。

そのリリースには誠実な謝罪・失敗の理由・現在どのように改善しているのかが細かく正直に書かれていて、私はこの文章を見て「なんて素敵な会社なんだろう」と一気にファンになりました。SNSで検索してもこの件で怒っている人より笑ってネタにしたり、応援していたりとポジティブな受け止め方をしている人の方が圧倒的に多かったのです。

失敗を前向きに発信するって、企業では難しそうに思えますが、やっている会社がかなり少ないからこそ、やり方次第で逆にポジティブな注目を得られると思います。ぜひ参考にしてみて下さい！

3　どんな人に見てもらう？

私は「モテ」を強みにしようと決めた最初の頃は、誰に向けて発信するべきか迷っていました。Twitterでモテ情報を発信したいけれど、フォロワーの大半は男性なのでその需要はない。頑張ってつくったコスメ紹介の投稿よりも、ラーメンを食べている可愛い私の自撮りの方が圧倒的に「いいね」の数が多い、という状況だったからです。

でも、やっぱり私はぶりっ子したい女性の皆さんに共感してもらいたいという気持ちを強く持っていたので、需要がないと認識しながらも、「モテたい女の子へ」という言葉とともに「モテ情報」を発信し続けました。

すると、徐々に女の子からのコメントが増え、Ｔｗｉｔｔｅｒのアンケート機能を使って、フォロワーに男性か女性かを聞いてみると、なんと約半分が女性という結果に。いつの間にか、私の投稿を日常的に見てくれているアクティブユーザーの半数が女性になっていたのです。

相手を限定するほど届きやすい

自分の発信を見る相手の顔を思い浮かべながら、相手の気持ちを考えながら投稿すると、格段に〝共感〟される投稿になりますし、自分の**発信の軸**もブレてこないです。

そのことを痛感した、私のイベントの話をさせて下さい！

今まで何度もイベントを開催してきましたが、一度だけ、集客が怖かったイベントがありました。

普段は大体イベントの1ヶ月前に告知をし、チケットの発売は3週間ほど前から。チケットがたくさん売れるように、TwitterやInstagramなど、使えるSNSで頻繁に告知をしています。

が！　その一度だけ、集客が怖かったイベントというのが、なんと告知は開催の6日前！　チケット発売は3日前!!　しかも、18歳の新生活を迎える女の子限定という条件付きで150名!!

このときは打ち合わせが難航して、ギリギリになってしまったのですが、正直イベントに関わる全員が失敗を予感していました。こんな急に人は集まってくれないだろうと。

しかし蓋を開けてみると、なんと3分でチケットは**完売！**　今までで一番のスピード感だったのです。

そこでイベント当日、来てくれたファンの子にヒアリングをしてみました。何が決め手でチケットを買ってくれたのかなと。すると、こんな答えが返ってきました。

「18歳の新生活の女の子って限定してくれたおかげで、どんな人が来るかが予測がついたから！　絶対に共感できる子たちばかりだろうから、会いたくて！」

その時、ＳＮＳも同じだと思いました。どんな人にフォローしてもらいたいのかを明確に発信すれば「私、フォローしていいのかな？」という不安が取り除けるかもしれない。そこで「モテたい女の子フォローして下さい！」と発信し始めたところ、より見て欲しい層のフォロワーが増え始めたのです。

この経験からもおわかり頂けるように、どんな人に自分のＳＮＳを見て欲しいのかとより具体的に限定して考えてみるのは大事なこと。きちんと決めておけば、その人たちのフォローのハードルも下げることができます。

ターゲットが同じSNSに詳しくなる

私は自分のＳＮＳで届けたい層を、「モテたいと思っている10～20代後半がメイン」と最初に決めました。

そして、その子たちが好きなブランドやキャラクターなどをひたすらＩｎｓｔａｇｒａｍなどで検索し、個人アカウントから有名人、企業アカウントまでひたすら色んな人の投稿を見てきました。もちろん今でも見ています！

また、その人のフォロワーを見て、さらにそのフォロワーたちがどんなアカウントをフォローしているのか、という部分まで見ます。

こうして深く追っていくと、「今の20代前半の女性の皆さんにはこれが流行っているんだな」と、自分がターゲットにしたい層の興味の傾向がわかるようになるのです。

写真の加工方法や、美容アイテム、人気の食べ物などを知っておくことでアンテナも張りやすくなります。「届けたい層が何を考えているかよくわからない」というお悩みがある方は、とにかく色んなアカウントを見まくることをオススメします。

ＳＮＳはその時々の独自の流行があるので、**発信する上でも時流にあわせてアップデートしていかないと、いつの間にか古臭い雰囲気のアカウントになってしまいます。**

本当にちょっとしたニュアンスの違いだったりするのですが、**伝えたい層**にとって**居心地のいい場所**にするためにも、いいなと思ったアカウントを参考にして自分のアカウントに取り入れてみて下さい。

スピードのずれを意識して伝える

好きなことを発信し仕事につなげていくためには、ターゲット層と、仕事を依頼してくれる企業層、どちらにも自分の発信を届けないといけないですよね。

私の場合ですと
❶モテたい女の子
❷仕事をしたいクライアント

なんですが、正直に書くと❷仕事をしたいクライアント（偉い人たち）です。ストレートな言葉ですみません笑！

しかし、あまりにも届けたい層が違いすぎます。

そして❷の仕事をしたいクライアントには情報が伝わるのがまず遅いです。仕事がお忙しいでしょうし、SNSをつねに見ていられるわけではないからです。

もし情報が届いたとしても、大きい企業であればあるほど実績が無い人に仕事は依頼しにくいだろう。そう思い、**発信スタートから2、3年後に届くのをイメージしていました。**

同世代の女の子は情報取得スピードが早いから、その間にファンづくりをしながら、届けたい層に分けてスケジュールを決めていたのです。

そしてここだけの話なのですが、サブカル系、web系など、SNSを軸として情報収集する業種の方たちは情報キャッチのスピード感がめちゃくちゃ速いので、私はあえて好きな歌手や映画を前面に出すようにしています。

もちろん、たまたま私が好きなアーティストや映画がサブカルな物が多いというのもあります。

❶のモテたい女の子層からは「何それー!」と言われ、あまり刺さってないこともあるのですが、メディアの方やお仕事するスタッフさんからは必ず「ゆうこすちゃんって○○好きなんだってね!」

と言って頂き、話が盛り上がるんです。こうしたことも含め、ＳＮＳで届けたい層にしっかりとアピールをするのは、かなり効果的だなと実感させられています。

チェックシート
Check sheet

☑あなたの夢はなんですか？
→それは何でですか？

☑あなたと言えばなんですか？　何になりたいですか？
→それは何でですか？

☑どんな人にフォローされたいですか？
→それは何でですか？

☑フォロワーさんはあなたのことをどんな風に周りに紹介していると思いますか？

第2章

#知名度0から フォロワーを 増やす

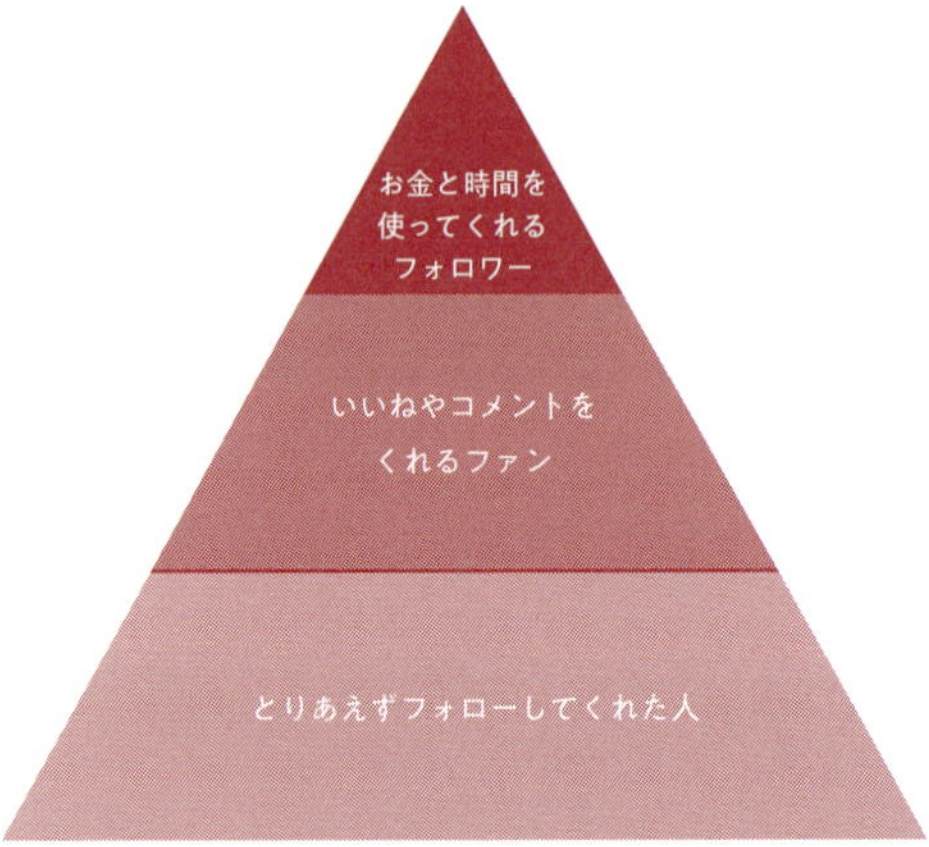

共感＋メリット＝フォロー

「発信力がある」＝多くの人に対して影響力を持っている、ということ。

そのためには、まずは、自分のアカウントを大勢の人にフォローしてもらう必要があります。しかし、ただむやみに増やすだけでは意味はありません。上の図のように、フォロワーといってもいくつかの階層があると思うからです。

やはり、自分や自分が発信する内容に共感してくれて、熱量を持って応援してくれる。そんなフォロワーさんをいかに増やせるか、ですよね！

フォロワーがほとんどいない状態から自分を知ってフォローしてもらうのは、とても難しいです。

SNSの最初の、しかも一番大きな難関と言えます。

おそらく、多くの人がここでつまずくのではないでしょうか。自分の強みがわかっていて、好きな内容を発信しているはずなのに、思うようにフォロワーが増えないと悩んでいる人も少なくないと思います。

知名度0から実際にフォローしてもらうためには、何が必要なのでしょうか?

一つは、〝**共感を生む情報**〟を発信できているかどうか。もう一つは、相手が自分をフォローすることにどれだけ〝**メリット**〟を提供できるか。

この2つだと思います。

知名度0から、と言うと、

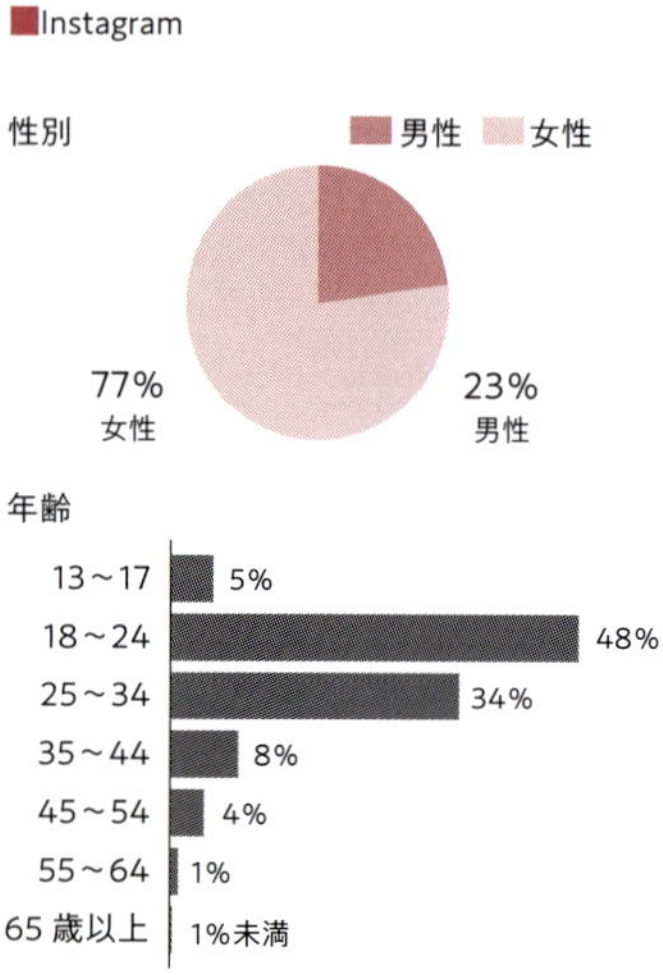

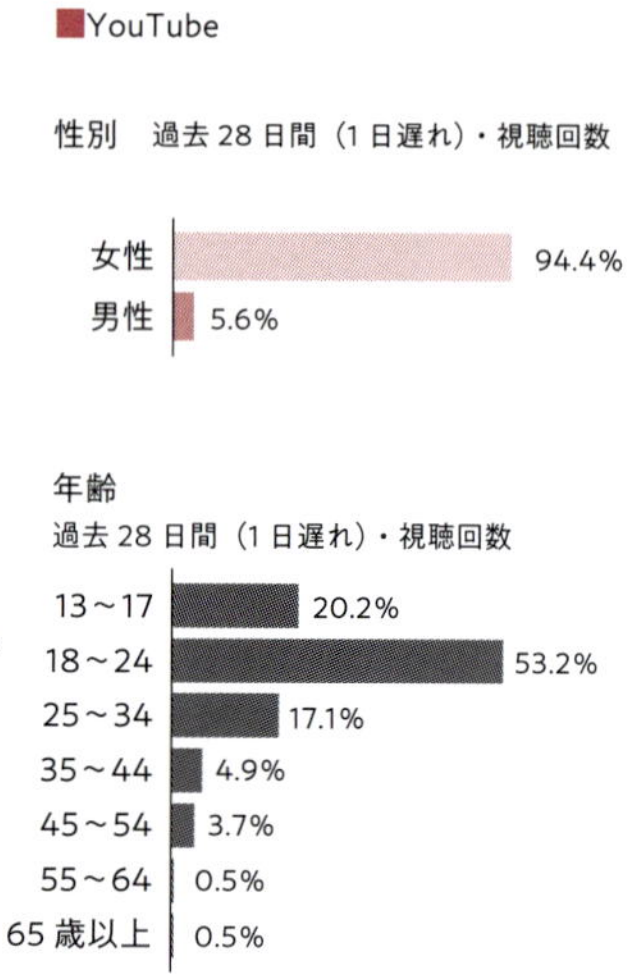

「ゆうこすは元々アイドルで知名度あったじゃん！」

と思われるかもですが、

私の現在のフォロワー層が上の図になります。元アイドルだったため、現在のターゲット層である20代の女の子からは、以前はほぼ知名度0という状況でした。それがここまで増えたのです。

第2章では、知名度0からフォロワーを増やし、仕事につながるような「発信力のあるアカウント」をつくるために実際に何をすればいいのか？

私の経験を元に、具体的な方法をお話ししていきたいと思います。

プロフィールがSNSを制す

フォロワーが共感できる雰囲気や、フォローするメリットをつくるためには、フォロワーの目線に立って考えること。これが何よりも大事になります。

皆さんのSNSは、アイコンやプロフィール欄を見て、一目でフォローしたいと思ってもらえるようなアカウントになっていますか？

SNSアドバイザーとして、色んなアカウントに対してアドバイスさせて頂く機会が多くなったのですが、フォロワーが増えないと悩んでいる人の多くは、まずプロフィールづくりで失敗していると感じます。

リツイートされたツイートから気になって開いたプロフィール。

検索したら素敵な写真の投稿と出合ったので開いてみたプロフィール。

この人に仕事を依頼しようと思って開いたプロフィール。

見ます。

「ちょっと気になったらまずプロフィールを見る」

これはSNSでは当たり前です。

どんな人なんだろう、何をしてる人なんだろう、みんな思い思いにプロフィールを見ます。必ず見ます。

全ての入り口はプロフィールです。**プロフィールを制する者がSNSを制する**と言っても過言ではありません。

どんなに完璧な発信をしていても、プロフィールが曖昧《あいまい》だと〝信用〟できないからです。

私は書店で多くの本の表紙を見ていて、

「あれ、**本の表紙づくりとSNSのプロフィールづくりって似ている!**」と感じました。

皆さんは本を買う時、書店で並べてあるものを見回しながら、ふと気になったカバーの本を手に取ってみると思います。

すべての本を一冊一冊、中身まで吟味することはできないので、まずはカバーが手掛かりになりますよね。パラパラとページをめくってみて、面白そうだったらレジに向かうでしょう。

そう、カバーに惹かれなければ、手に取ってもらうことすらできません。

だからこそ出版社の編集者さんは、本のカバーづくりにかなりの時間を割くそうです。まずは手に取ってもらうため、目立つタイトル、帯に入れるキャッチコピーや推薦文、カバーのデザインや色など、一つ一つこだわりながら決めているのです。

プロフィールは、本で言えばカバーや帯にあたる部分。フォローしてもらうためには、とても重要なポイントです。

本を買う前に中身を吟味できないのと同じで、SNSをフォローする時も、過去の投稿までじっくり読んで、納得したうえでフォローしてくれる人はなかなかいません。何かのきっかけでたまたま投稿を見ても、**プロフィールを見て興味を持てないと、フォローしようとまでは思ってもらえないのです。**フォローしてもらえることへの敬意を忘れないようにしたいですね！

フォローしたくなる良いプロフィールをつくるために、この本のカバーづくりのテクニックを応用してみるのをオススメします。

本のカバーを構成するものは、

❶タイトル
❷帯文
❸ターゲット層（文字やデザインで）
❹内容説明
❺読者の声

の5つです。

本にしたらそのアカウントはヒットするか、というポイントを踏まえて一つ一つ、自分のSNSのプロフィールと照らし合わせながら見てみましょう。

SNSは1冊の本づくり

1 アカウント名は本のタイトル

興味を持ってもらうためにまず重要なのは、アカウント名。本で言うならばタイトルですね。

つまり、最初のコンタクトポイントになるところです。

ここは一瞬で「あなたが何者なのか？」ということが明確にわかるものにしましょう。

例えば、「ゆうこす／モテクリエイター」のように、第1章で決めたキャッチーな名前の後に、肩書きを付けるなど。

ある程度フォロワーが増えるまでは、あなたは誰なのか、何をしている人なのかが伝わるアカウント名にした方がいいと思います。

本でも、著者が社長さんの場合は、著者名と一緒に会社名が書かれているものが多いですよね。著者名はわからなくても、会社名がわかれば興味を惹かれる、ということがあると思います。

SNSも同じです。アカウント名の文字数は限られていますが、名前と一緒にシンプルな肩書きも入れられれば、より興味を持ってもらえる可能性が高くなります。

2 メリットを最大限に伝える帯を付けよう！

続いては、プロフィール欄の1行目に入れる文言。

本にたとえるなら、ここは帯の部分になります。

本の帯文は、目を引くキャッチコピー、内容の要約や引用で構成されています。

この本を読むと、読者が何を得られるのか？　具体的な内容や読むメリットを端的に伝える場所になっています。

SNSでも、プロフィール欄の1行目に**発信テーマ**と見る**メリット**が端的に、印象的な言葉で書いてあるアカウントはフォローされやすいです。見た人にダイレクトに、その人の特徴が伝わるからです。

ちなみに、私のInstagramのプロフィール欄には、左のような文言を入れています。「モテる為に生きてる」という強めのキャッチコピーからの「モテ情報発信」で、何をしている人で、どんなテーマで投稿していて、フォローすることでどんなメリットがあるのか？　ということが、一目でわかるようになっているのではないかと思います。

また、実績や資格、受賞歴など特筆すべきものがある場合は、それも入れた方が効果的です。

本の帯文は、目を引くキャッチコピーの他に、「◯万部突破！」「映画化決定」などの実績もよく載っていますよね！　他者からの客観的な評価や、あなた自身の実績がプロフィール欄に書いてあると、アカウントの信用度が上がります。

すると、たまたま見た人にも「このアカウントはフォローしても大丈夫そう」「応援してもいいんだ」と思ってもらえ、フォローしてもらえる可能性が高くなるのです。

3　ビジュアルでターゲット層に届ける

ターゲット層を決めたら、その方達が手に取りやすい本（プロフィール）にしたいですよね！

次に取り掛かって欲しいのは、ヘッダ画像とアイコンです。

ヘッダ画像は本にたとえると、本全体のパッケージデザインにあたる部分。

本のパッケージは、ターゲット読者に注目してもらいやすいよう、女性向けの実用書であれば可愛らしく、男性向けのビジネス書であればクールに見えるように、内容にマッチするようデザインされています。

SNSのヘッダ画像は、ビジュアルとして目に飛び込んでくる一番大きな場所。実は、プロフィールをじっくり読む前に印象を左右する大事な部分です。

なんとなく綺麗な風景写真をヘッダ画像にしている人も多いですが、もったいない！　できれば自分自身と発信内容がわかりやすい写真にするのがいいと思います。

デザインができる人であれば、文字要素なども入れて、まさに本の帯のようにレイアウトするのもオススメです。

そして、もう一つ**大事**なのが**アイコン**。

自分のことを知って欲しい、仕事にしたいと思っているのなら、自分の顔写真を使った方がいいと思います。特に仕事は、顔を出している人の方が信用度が高いので、依頼されやすい傾向があります。

それも、高画質で顔がはっきりとわかる写真を選ぶのが大事！

SNSを見ていると、引きすぎていて顔がわからなかったり、逆にアップすぎて顔全体がわからないアイコンをよく見かけますが、これももったいない。

プロフィール写真は、見てくれた人の印象を大きく左右するもの。皆さんも初対面の人と会う時には、まず相手の顔を見て判断するはずです。マスクをしていたり、サングラスをかけていたりしたら、人となりがよくわからないので親しくなりにくいですよね。顔がわかるかどうかで、フォロワーが感じる距離感が大きく変わります。

だからこそ、できるだけ顔がわかりやすい写真を選ぶのが大事。

高画質なものをセレクトすると「プライベート感」が減り、お仕事を依頼されやすくなるのでオススメです。

顔は出したくないという人も、せめて似顔絵やあなたを象徴する何かを使うなどして、なるべくあなたの人格が伝わりやすいアイコンを目指してみて下さい！　ちなみに私は、思いっきりぶりっ子ポーズをしています（笑）。


そして、言葉でターゲット層にしっかりアピールするのも手です。

私は、男女問わず愛されたいぶりっ子です♥　共感者ぜひフォロー♥

と表記して、「私はぶりっ子ちゃんにフォローして欲しいです！」というアピールをしています。

どういう人にフォローして欲しいのかを明確にすることで、フォローのハードルは下がります。

初めて見た人がフォローしやすい雰囲気づくりをしてみて下さい。

4　内容説明はまとめてわかりやすく！

肩書き、キャッチコピー、実績、ターゲット層と書いてきましたが、まだまだ載せたいことはたくさんあります。想いを伝えるメッセージや、もっと細かい実績、画像や動画もあるかもしれません。

本の裏表紙には、本の内容を簡潔にまとめた文章が載っていることが多いですが、Twitterは160字、Instagramは150字が上限。その中にキャッチコピーや肩書き、実績などを全部書こうと思ったら、全然足りませんよね。

Twitterだと「**固定ツイート**」やモーメント機能を使うと、どんな仕事をしている人なのか一目でわかりやすくなります。

Instagramでは「**ハイライト**」を使って、細かなアカウントの説明を補足するのをオススメします！　文章ではなく、画像や動画を使って視覚的にわかりやすくすれば一気に引き込めますし、URLを設定することで色んな紹介ができます。

ぜひ私の自己紹介まとめ、参考にしてみて下さい！

5　ハッシュタグで読者の声をつなげよう

「この本を読んで○○になりました！（30代・主婦）」


このような感想文、よく本の帯裏あたりに見かけませんか？

これを入れることで得られるメリットって、「信頼度が増す」ことと「どんな人が見ているのかわかる」ことだと思います。私はこれを、＃（ハッシュタグ）でプロフィールに載せています。

それが、「**＃ゆうこす現象**」です。


私は「ゆうこすの投稿を見てコスメを買った人、服を買った人、、ぜひ#ゆうこす現象を付けて発信して下さい！」とフォロワーに伝えています。

プロフィールにもそのハッシュタグを付けることで「ゆうこす公認のハッシュタグ感」が増しますし、ファンって基本的につながりたいんです。現実世界で周りに同じ趣味の人がいなければ尚更です。「あれがいいよね！」「ここがいいよね！」と語りたいものなんです。

それが人でもブランドでも同じだと思っています。そのハッシュタグを通してファン同士がつながれることもメリットですし、本当にコアなファンは「知らない人に教えてあげたい」という気持ちが強いので、どんどんハッシュタグを付けて投稿してくれます。

そして、初めてプロフィールを見たフォロワーじゃない人も、そのハッシュタグをタップすることで「こんな人がフォローしてるんだ」「こんなに投稿されているんだ」と安心できる。

「信頼度が増す」「どんな人が見ているのかわかる」という2つのメリットが得られます。

しかも、ハッシュタグをタップして見られる投稿は他人の発信なので、より〝リアル〟な投稿ですよね。こうしたハッシュタグをつくっておくと、信頼度は一気にぐんと上がりますよ！

プロフィールが充実したら、さあ、次はいよいよ発信です。

ここからは、3大SNSであるTwitter・Instagram・YouTubeで、新規フォロワーに届けるためにこれはやっててよかったというポイントをご紹介します。

Twitter

いいねとリツイートの差

SNSはどれから始めても、いくつ並行して使ってもいいのですが、仕事につなげたいと思ったら、Twitterはやっておいた方がいいと思います。

全年代で利用者が多く、**爆発的**な**拡散力**を持つTwitterは、**ビジネスツール**としても**優秀！**　私自身も、多くの人に見て欲しいお知らせ的な投稿をする時はTwitterを使っています。

Twitterは、「リツイート」によって拡散されるメディアです。

誰かがリツイートしてくれれば、それを見て知った人がフォローしてくれる可能性も。リツイートをしてくれる人が多ければ多いほど、新たにフォローしてくれる人も増える。一度バズれば、一日に1000人単位でフォロワーが増えるのも夢ではないのです。

ちなみに「いいね」でも、その人のフォロワーのタイムラインにその投稿が流れますが、絶対ではありません。確実にその人自身のタイムラインにも、その人のフォロワーのタイムラインにも表示されるのはリツイートです。

だからこそ、リツイートされるツイートを目指すべきなのですが、よく、投稿に対して「いいね」は多いけれど、リツイートの数はそんなに多くないアカウントを見かけます。

「いいね」をしたくなる投稿と、リツイートしたくなる投稿の違いとはなんでしょうか？

先日、私は次のページのようなツイートをしました。

インプレッションは67万！　結構な数ですね！

このツイートをリツイートしてくれた方の気持ちを考えてみたいと思います。

きっと「ぶりっ子だ！　モテ服ばかり意識するな！」と言われてきた女の子に「わかる、わかる」と、〝共感〟されたのではないでしょうか。

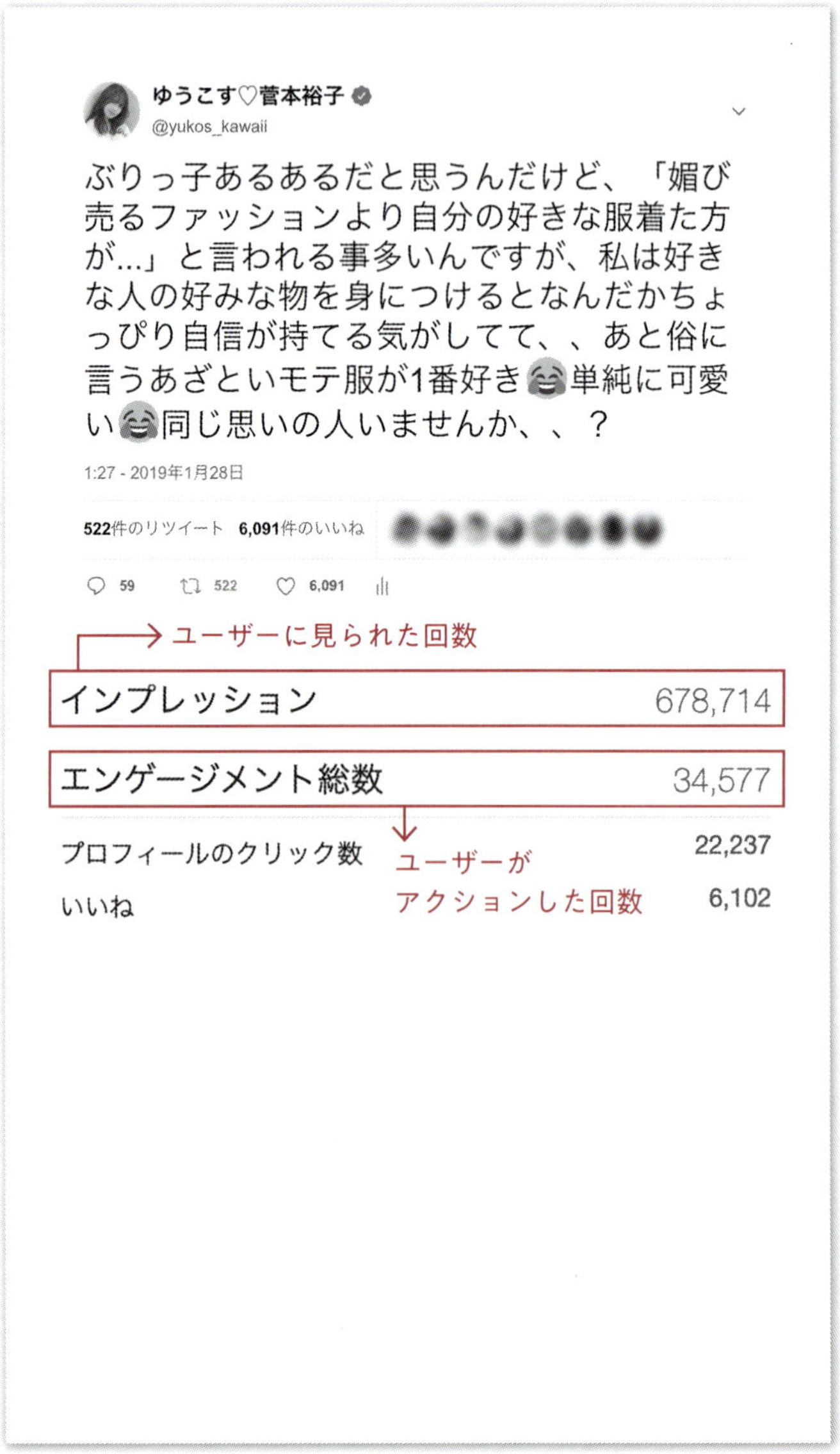
ゆうこす♡菅本裕子
@yukos_kawaii
ぶりっ子あるあるだと思うんだけど、「媚び売るファッションより自分の好きな服着た方が…」と言われる事多いんですが、私は好きな人の好みな物を身につけるとなんだかちょっぴり自信が持てる気がしてて、、あと俗に言うあざといモテ服が1番好き単純に可愛い同じ思いの人いませんか、、？
1:27 - 2019年1月28日
522件のリツイート 6,091件のいいね
59 522 6,091
ユーザーに見られた回数
インプレッション 678,714
エンゲージメント総数 34,577
ユーザーがアクションした回数
プロフィールのクリック数 22,237
いいね 6,102

そう、ここでも「共感」がとても重要なポイントになるのです。

なぜ共感したらリツイートしたくなるのか。それは、思っていても自分ではツイートできないジレンマがあるからです。

Twitterでの**自分のタイムライン**って、**他人**に見られている**スクラップ帳**のようなもの。

赤の他人ならまだしも、友達や職場の知り合いにフォローされていたら、思ったことをそのままツイートなんてできなくなってきますよね。

その点、リツイートであれば、あくまでも、「自分は言ってないよ！」「ゆうこすちゃんが言っていたことを、私のスクラップ帳に貼っただけだよ！」と保険をかけることができます（笑）。

リツイートは、

「めちゃくちゃわかる！」

「この情報を自分のフォロワーや世の中の人にも広めたい！」

と思った時にするもの。私はそう思っています。

あなたの投稿を見た人が、「いい投稿だね」と思ってくれたとしても、それだけでは、文字通り「いいね」を押すだけに留まってしまいます。もしくは、その画面のスクリーンショットを撮るか。それだけで十分満足だからです。

「このツイートは自分の気持ちを代弁してくれている」「私が言いたくても言えなかったことを言葉にしてもらえた」。見た人にそこまで思ってもらえると、リツイートにつながります。

よくある「RT（リツイート）キャンペーン！」のような集め方ですと、プレゼント目的でのフォローが増え、キャンペーン後にフォローを外されたり、フォローされたままだとしても興味を持ってもらえない、なんて話もよく聞きます。そうならないためには、企業アカウントであっても「共感」を意識してみて下さい。

また、内容やテーマは、SNSで人気がある食べ物や動物じゃないと拡散されない？　と思うかもしれませんが、そんなことはありません。

想像以上にたくさんの人が様々なキーワードでSNSを検索しているので、逆に個性的な方が目立ちやすいと思います。**ニッチな分野**の**情報**であればあるほど、分母が小さいので**ライバル**が**少ない**んですね。

その分、拡散される可能性も高くなるので、ぜひあなたの強みとするテーマで、ターゲット層が共感できそうなツイートを目指してみて下さいね。

（ただし、共感できてもリツイートするのは恥ずかしいと思われてしまうと、拡散にはつながらないので、内容には注意が必要です）

Twitter

1ツイートに情報を集約

拡散されるツイートには、もう一つ特徴があります。

それは見た人にとって「有益な情報」であるもの！

「この情報は役に立った！」と思ってもらえると、リツイートにつながりやすくなります。

普段、Ｔｗｉｔｔｅｒでは「ランチなう」とか「今日はここに来ました」「こんな物を買いました」などと、何気なく日常のエピソードを投稿している人が多いと思います。たくさん投稿しよう

ゆうこす♡菅本裕子 @yukos_kawaii · 2017年9月1日

【スタイル良く見える写真の撮り方】

①撮る人はしゃがんで膝をついて！
②スマホは40度に上に傾ける
③脚は左右どちらかに体重を乗せ、体重を乗せて無い方の脚を軽く宙に浮かし、前の方に出す！

ハイヒール&ハイウエストボトム&黒タイツは本当に盛れるよ！

もちろんNO加工です

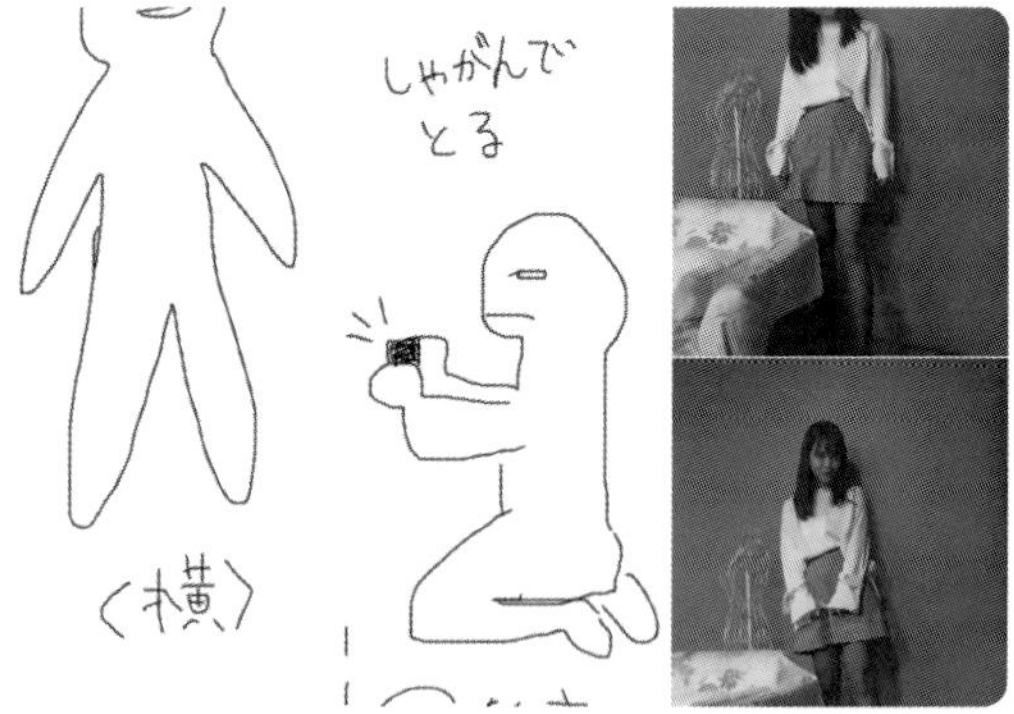

37　1,404　7,027

インプレッション	630,505
エンゲージメント総数	240,477
メディアのエンゲージメント	204,579
詳細のクリック数	17,249
プロフィールのクリック数	8,048
いいね	7,027

とすると、どうしてもこうしたツイートが増えがちですよね。私も初めはそうでした。

でも、知らない人のそういう日常の生活を知ったところで「役に立った」「広めたい」とは思いにくい。

もしこれが世界的なスターだったら、ランチや買い物の写真をアップするだけでも価値のある投稿になります。有名人の食事や持ち物にはみんな興味があるので、それだけでも「良い情報」だからです。「いいね」やリツイートで拡散してくれるフォロワーもたくさんいるでしょう。

では知名度がない場合は、どんな投稿をするのがいいでしょうか？

実は、少し工夫をするだけで、日常の投稿も「有益な情報」になります。

例えば、右の投稿は最初はただただ可愛く写真が撮れたので、「今日のコーデ」というテーマで投稿しようとしました。が、自分のアカウントの軸に基づいた情報を載せようと意識し、「スタイル良く見える写真の撮り方」の情報として発信しました。

実際にその場所に行ったり、買って使ったりしてみたからこそわかる「情報」を、自分ならではの視点を持った「感想」と一緒に発信することで、それは見た人にとって「メリット」のある投稿に変わるのです。

そしてもう一つ大事なポイントがあります。それは、**1ツイート**に情報を**集約**すること！

情報と感想以外にも、関連するURLや、画像などをつけてそのツイート1つで完結させるのです。それは、見ている側への情報の拡散の負担を減らす配慮です。

例えば、ゆうこすがオススメするコスメについてツイートするとします。その際、URLや値段の記載無しでツイートして、その後で、

「さっきツイートしたコスメのYouTubeのURLはこれだよ～！　みんなほんとオススメだから！　見てみて！」と重ねて投稿すると、フォロワーにとっては二度手間ですし、どちらの投稿もリツイートしにくいですよね。

つまり、拡散という観点でも、相手に対する「メリット」が重要なポイントになる、ということ。これらのポイントを踏まえた投稿ができるようになれば、拡散が増えていき、皆さんの情報を必要とするフォロワーが増えていくと思います。ぜひやってみて下さい！

ゆうこす♡菅本裕子
@yukos_kawaii
フォローする

見るだけ簡単、うさぎメイクのやり方＆使ってるコスメです

参考になった！って方はぜひRT
youtu.be/vkr_T-2aX_0

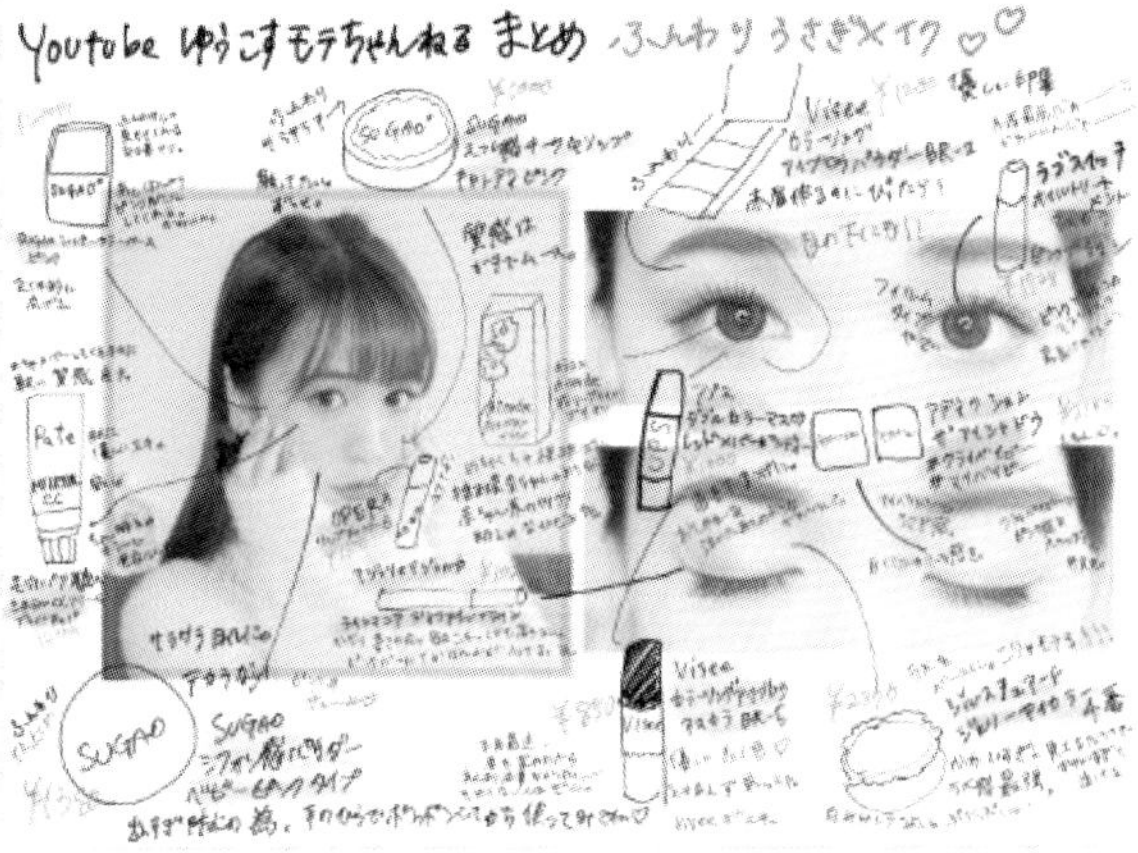

16:47 - 2017年10月3日

Instagram

ググるよりタグる

ここからは「Ｉｎｓｔａｇｒａｍ」に絞って、フォロワーを増やすためのポイントをいくつかご紹介しようと思います。

インスタはＴｗｉｔｔｅｒやＦａｃｅｂｏｏｋと違って、**投稿をシェアすることができない**という特徴があります。

そのため、これまでお伝えしたこと以外にも意識しておきたいことがあるのです。

インスタには、Ｔｗｉｔｔｅｒのリツイートのような拡散機能はないので、フォローしている人以外の投稿をタイムラインで偶然目にすることはありません。

しかし、「ハッシュタグ」を使って**検索**する文化が他のＳＮＳ以上に浸透しています。

インスタでフォロワーを増やすためには、この「ハッシュタグ」をどう使うかが大きなポイントになります。

皆さんは知らないことがある時、何で情報を得ようとしますか？

Ｇｏｏｇｌｅで検索でしょうか？

実は、今の10～20代にとっては、「ググる」よりも「タグる」の方が一般的になっています。「タグる」とはハッシュタグで検索する、ということ。Ｇｏｏｇｌｅで検索するのと同じように、インスタの「タグ」で検索するのです。

例えば、アルバイトを探す時にも求人サイトで見た後に、インスタでタグります。レストランでバイトしたいと思ってググり、採用ページを見ると「みんな仲の良い楽しい職場です」といったPR用の写真や文章と条件は出てきますが、もっと言うとその店の普段の雰囲気や来店する客層、実際に働いている人の感想といった、現場のリアルな情報も欲しいですよね。

一方、インスタで店の名前をタグると、そのレストランを訪れた人や働いている人によるリアルな投稿が出てきます。ググるよりもずっとリアルで、しかも最新の情報が得られるわけです。SNSネイティブ世代はそうした投稿を見て、自分がそのバイト先に合うかどうかを選んでいるのです。

私の場合、よくタグるのは海外の天気です。

韓国での撮影が決まった時、天気予報をググってみると気温がマイナス10度となっていました。でも、マイナス10度なんて東京では体感したことがないから、どんな服装をすればいいのかわからない。

そこで、インスタで「#韓国」や「#ソウル」といったハッシュタグを検索して、「最新投稿順に表示」とすると、現地の人たちが今どんなファッションをしているのかがわかり、持っていく服選びの参考になりました。

このように、インスタにはリアルな最新情報が溢れているので、実は**便利な検索ツール**としての側面もあるのです。

こんな使い方、ゆうこすぐらいでは？　と思われるかもですが、そんなことはありません。

Ｉｎｓｔａｇｒａｍ公式の調査でも、「日本の利用者の４人に１人はＩｎｓｔａｇｒａｍで情報を

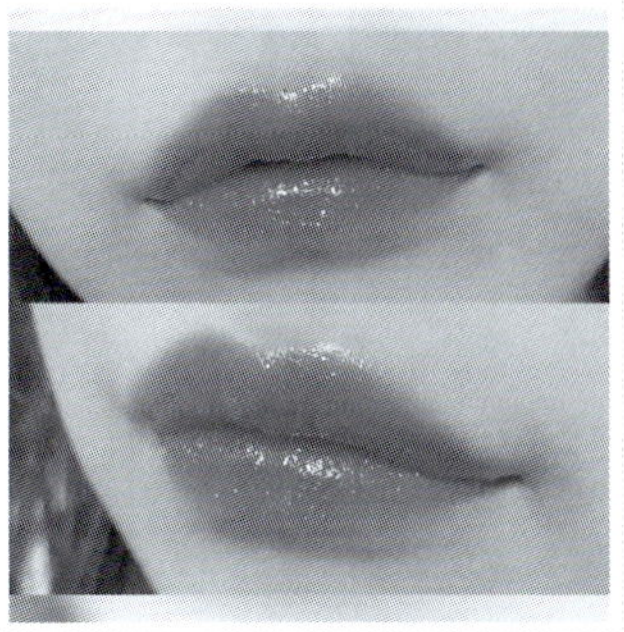

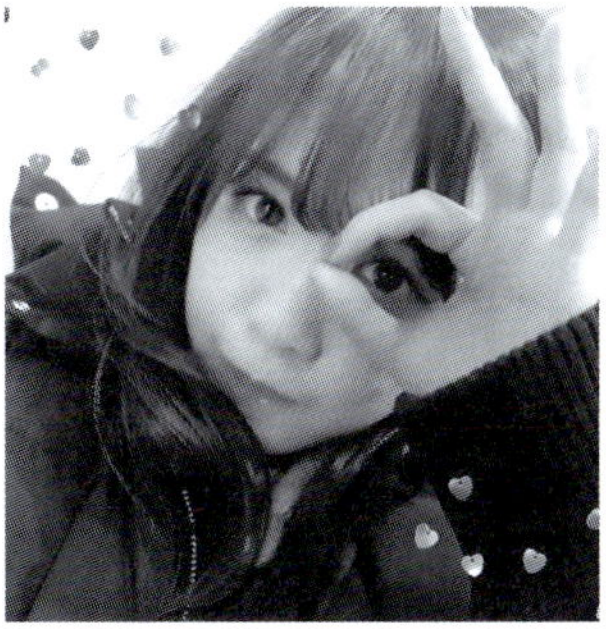

検索する際にハッシュタグを利用しています」という報告がされています。

Instagram
インスタ映えよりタグ映え

先日、この2つの写真を投稿しました。

皆さんはどちらの方が反響があったと思いますか？

普段はあまりお見せしないのですが、次のページで投稿のインサイトをお見せします。

なんと唇のアップの写真の方が、アクション数は約10倍！ プロフィールへのアクセス数も約10倍!!

特に**注目**して頂きたいのは、「この投稿を見たフォロワー

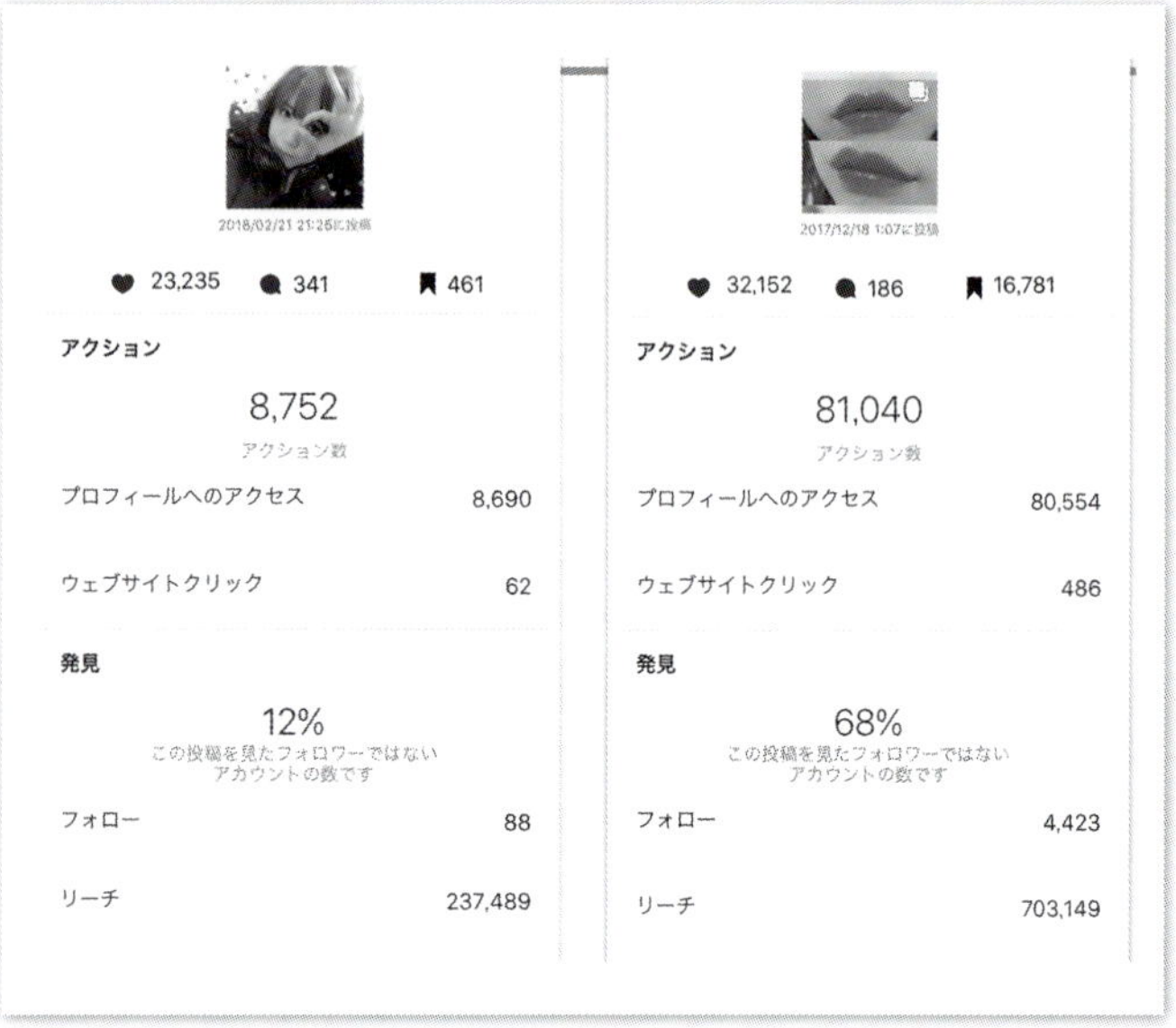

ではないアカウントの数です」と表示された「**発見**」という部分です。なんと68％の新規ユーザーにリーチし、この投稿1つで4423人もの人にフォローしてもらえました。

実は、自撮り写真の方には2つのハッシュタグ。唇のアップの写真の方にはタグを15個付けたのです。

これは、発売されたばかりの新作のコスメを使ってのレビューで情報を盛り込んだ投稿でした。当時まだそのコスメに関する情報は少なく、多くの人がタグっていたのでかなりの人に届いてくれました！

どれほどタグが重要なのか、お伝えできた

でしょうか。

インスタでは、情報を探している人たちが発見しやすいようなタグを付けておくのがとても大事なんです。

重要なのは「インスタ映え」だと思っている人が多いですが、実は意識すべきは**「インスタ映え」よりも「タグ映え」**なのです。

タグがちゃんと付けられていない投稿は、橋のかかっていない無人島のようなもの。

せっかく無人島で何か面白いイベントをしていても、橋がなければ気づいてもらえませんし、来てもらうこともできません。

自分の投稿を知ってもらい、知名度0からフォロワーを増やすには**無人島**と**ユーザー**とをつなぐ**タグ**の**架け橋**が必要不可欠なんです！

Instagram

タグファースト

「タグ映え」の大切さをお伝えしましたが、皆さんはインスタに投稿する時、どのタイミングで、どんなタグを付けていますか？

おそらく、多くの人は写真を撮ってから、その写真に合うタグを考えているのではないでしょうか。

実は、その逆です！　タグられる投稿にするためには、まずタグから考え、そのタグに合う写真を撮る。インスタにおいて「タグ」は、それほど重要な要素なんです。

ここで、「タグ映え」するために私が意識している3つのポイントをご紹介します。

1　タグ検索で人気のタグを知り、差別化で目立つ！

まずは、Ｉｎｓｔａｇｒａｍの検索機能を使って、今人気のタグを調べてみましょう。

検索画面の「タグ」の項目の中で、気になるキーワードを調べてみるのです。

例えば、「ユニクロ」と検索してみると、「#ユニクロ」「#ユニクロコーデ」など数多くのタグが出てきます。投稿数が多いタグは話題になっているので、たくさんの人がタグってくれる可能性が高いですが、それだけライバルも多いということ。そのタグで似たような投稿をしても、埋もれてしまいます。

激戦区といえば、スターバックスコーヒーの限定ドリンクや新作。毎回出るたびに商品名をタグ付けした写真が大量に投稿されますが、その中で目立つ投稿にするためには、どんなことを意識すればいいでしょうか？

私がスターバックスの「#抹茶フルーティマスカルポーネフラペチーノ」をインスタで紹介した時は、まず同じタグが付いている写真はどんな写真なのかを調べました。投稿された大量の写真を見ると、そのほとんどが店内の木のテーブルの上に商品を置いた写真。そこで私は、左のような写真を投稿しました。

もちろん商品はしっかり写しながらも、あえて自分も一緒に写り、さらに背景や服装から季節感も伝わる写真にしました。他の投稿とは違うアングルや色の組み合わせにすることで、タグっている人たちの目に留まるようにしたのです。

このような工夫をすると、タグられる回数が増え、そのタグで検索した時に検索上位の投稿として表示してもらえます。

目立つためには、同じタグが付いた写真たちと差別化した写真を投稿するのが大事。**背景の選び方やアングル、加工などを工夫して、他の投稿とは一味違う写真を意識しましょう。**

ちなみに、私は同じ投稿の中に「#ゆうこすコーデ」というタグも入れて、その日のファッションについても紹介しました。すると「#抹茶フルーティマスカルポーネフラペチーノ」のタグから検索してくれた人が、私自身に興味を持ってくれてフォローしてくれる、ということも起きました。

自分の強みも一緒に入れた投稿にできれば、よりフォローにつながりやすいので、ぜひタグを工夫しながら投稿をつくってみて下さいね。
それから、あえて人気タグではなく、ちょっと下にスクロールしてまあまあタグ付けされてるな、くらいのレベルのタグも付けるのがコツです。
先ほどの「#ユニクロ」の例で言うと、「#ユニクロベビー服」や「#ユニクロ男子」等かなり良いですね！

ユニクロというメジャーな言葉と、ベビー服やダウンなど限定したアイテムを組み合わせるだけで、400件以上のタグが付いているということは、投稿している人同士の「つながりたい欲」が

かなり高いということです。

タグ付けをする時は、Instagramハッシュタグ検索サポートツールの「タグジェネ」というサービスがオススメです。気になるタグや投稿したい写真に関連しそうなタグを入力して検索すると、多くタグを付けられてるものから順にABCD評価で表示してくれています。その中で、D以下のものが狙い目です！

2 英語・カタカナ表記を意識。自分ならどう検索するかを考える

よく投稿に「#ootd」や「#GM」「#fashion」といったタグを付けている人を見かけます。海外のセレブなどが使っている、人気のタグです。

でも、これらのタグで検索する日本人は、どのくらいいるでしょうか。**タグを付ける時には、自分のターゲット層は実際にそのタグで検索するだろうか？　とイメージしてみるのも大事なことです。**

私は、海外ブランドの商品を紹介する時には、正式名称と一緒に、カタカナ表記でもタグを付けるようにしています。

英語やフランス語のスペルは間違いやすいですし、私自身がタグる時も日本語やカタカナで検索することが多いからです。

例えば、「イヴ・サンローラン・ボーテ」の新作コスメ情報を知りたいと思ったら、「#YvesSaintLaurent」と検索する人はほとんどいないと思います。多くの日本人女性にとっては「#イヴサンローラン」「#サンローラン」といったタグの方がずっと検索しやすいはず。

このように、フォロワー目線で考えると、どんなタグを付けるべきかがわかるようになります。自分のインスタをフォローして欲しい人は、どのようにタグるか？　想像力を働かせながらタグ付けをしてみて下さい！

3　そのハッシュタグ本当に必要？　無駄なタグは付けない！

タグはあなたを見つけてもらうためのユーザーとの大事な架け橋ではありますが、個数が多ければ多いほどいい、というわけでもありません。

よく上限の30個までタグを付けている投稿を見かけますが、それが人気の投稿になっているかというと、そうとは限らないのです。

タグ検索について詳しいアルゴリズムは公開されていませんが、写真に最適なタグ付けをされた投稿が検索結果の上位に表示される傾向にあるようです。実際にＩｎｓｔａｇｒａｍで働いている方に聞きました！

つまり、**投稿とは関係のないタグは付けない方が見られやすくなるのです。**

それから、自撮り写真に数多くの芸能人の名前のタグを付けていたり、着てないけどコーディネート写真に人気ブランドのタグを付けたりなど写真と関係ないタグを付けるのはオススメしません。

「ただタグられたいから」という理由で人気のタグを付けたところで、フォローにはつながらないからです。

インスタのフォロワーを増やしたい人は、ぜひタグをうまく使いこなして、ターゲット層に響かせて下さい！

YouTube

サムネイルが命

「好きな事で、生きていく」というＧｏｏｇｌｅのＣＭで、「ＹｏｕＴｕｂｅｒ」という言葉は一気に世間に浸透しました。

小学生のなりたい職業ランキング３位に「ＹｏｕＴｕｂｅｒ」が選ばれたり、最近では女性誌にもＹｏｕＴｕｂｅｒさんは引っ張りだこです。

私がＹｏｕＴｕｂｅを始めたのは２０１６年の冬。

ＹｏｕＴｕｂｅｒという言葉が浸透し始めたあたりでした。

約2年半動画を投稿し続けて実感していることは、**ＹｏｕＴｕｂｅは制作がとてつもなく大変ですが、その分多くの人に気づいてもらえる可能性が高い**ということです。

私は動画撮影・編集・企画・出演を全て自分で行っているので、やはり他のＳＮＳと比べて時間と労力がすごくかかります。

私の場合、約15分の動画の撮影に1〜2時間、編集に8時間、サムネイルづくりに1時間、その他細かな作業で12時間。ほぼ丸一日を費やします。現在、動画編集者を面接しておりチームで動けるように体制を整えてはいるのですが、もし体制が整ったとしても、撮影だけでもやはりとても大変ですよね。

けれどＹｏｕＴｕｂｅは、

・関連動画で流れてくるので新規のユーザーさんに届きやすい
・スマホでも倍速で再生できるようになってから、移動時間などにサクッと見てくれる人がかなり

増えた
・動画はストックされていくので、次の日学校や会社などコミュニティで語られやすい
・言葉、表情、テロップ、音楽と全てを使って発信しているので〝想い〟が届きやすく、親近感を持ってもらいやすい
・動画編集というハードルがあるので挑戦者が少なく、まだまだブルーオーシャン

と、かなりメリットがあります！　挑戦しないわけにはいきませんよね。


2年半動画編集・投稿をし続けた私が強くお伝えしたいのは、**YouTubeはサムネイルが命だということ！**

YouTubeの再生回数は、サムネイルで決まります。これは全く過言ではありません。

よく、「サムネ詐欺」という言葉を聞きませんか？

サムネイルに思わず見たくなるような、煽《あお》るような画像を設定し、実際の動画は全く関係ない内容だったりします。再生数稼ぎですね、卑怯‼　でも、そんな面白くない動画でも再生回数が稼げてしまうほど、やはりサムネイルはとても大事なんです。

よく見かけるYouTuberさんの例で言うと、「衝撃」「大失敗」「やってみた」などの強烈なワードが、派手な色でドーンッ！　と載っている。こうしたサムネイルは誰でも一度は見たことがあるんじゃないかと思います。

思わずクリックしたくなる、そんな気持ちを掻《か》き立てるのがとてもうまいですよね。

けれど私のサムネイルのデザインは、そうしたものとは、かけ離れていると思います。なぜそれでも「ゆうこすモテちゃんねる」は多くの人に見てもらえたのでしょうか。

私は郷に従わず、全く違うデザインで攻めてみたのです。

上の図のように、派手さや煽りよりも女の子らしさ全開のデザイン。ポスターのようにオシャレさを重視したので、「こんなサムネイル見たことない！」と、女の子たちが思わず見たくなってくれたのかなと思っています。

私が最近注目しているのは、inlivingさんというYouTuberさん。

彼女のサムネイルは、私以上にYouTuberらしくないんです。とてもナチュラル。

けれど、2019年1月に本格的にスタートして、たった2ヶ月でチャンネル登録者数10万人を超えたのです。


私は、2019年はYouTuberが多様化する年になると思っています。

理由は次の2つです。
・王道が増えて、みんなが見慣れてきたからこそ、全く違うテイストの目新しい動画が求められるから
・YouTubeが一般化し、多くの人が見るようになった今、主婦層やファッション好きな層など、細分化した層にぴったりなYouTuberがまだまだ少ないから

「YouTuberって既にいっぱいいるし、今始めてももう遅いでしょう」

2年半前、私が始めた時も、周りの人はこう言っていました。

でも、YouTubeは今なお、まだまだブルーオーシャンなんです！

YouTube

タグ検索の裏ワザ

動画をアップロードする際、「タグ」を付けることができます。

検索されやすくなったり関連動画に表示されたりと、たくさんメリットがあるので、ぜひタグ付けして欲しいです。

しかし、Instagramと違い、YouTubeのタグは本人以外には表示されません。

参考にしたいYouTuberさんが付けているタグを見るのが一番だと思うのですが、残念ながら表示されません。

ただ、裏ワザがあります。PCをいじっていたら、見られました！（笑）

参考にしたい動画を開き、動画画面以外の白い部分どこでもいいので右クリックし「ページのソースを表示」をクリックします。次にMacでは⌘F（Windowsの場合ではCtrl＋F）で「keywords」と検索すると、その動画に付けられているタグが出てくるんです。

ちょっと覗き見をしている気分ですが、人気YouTuberさんがどのようなタグの付け方をしているか、ぜひチェックしてみて下さい！

ライバルが少ない第一人者を狙う

ここまで各SNSの投稿テクニックを様々ご紹介してきましたが、まず前提として、一度自分の発信者としての方向性を決めたら、**少なくとも半年くらいはブレずに努力を続けることが大事**です。

結果が出ないからといってすぐにあきらめてしまっては、もったいないからです。

と言うのも、ある程度投稿数が積み重なっていかないと、どんなアカウントか伝わらないのでフォローへのハードルが上がってしまうのです。なので、半年はくじけずに、頑張って欲しいです！

これが大前提ではあるのですが、一度肩書きやテーマ、メインで発信するSNSを決めたら絶対に変えてはいけない、という訳ではないと思っています。

何を発信するかも大事ですが、「発信する場所」と「手段」を工夫することも重要です。

もちろん努力なしには難しいですが、やっていく中でターゲット層と見せ方を変えてみると、思わぬ需要に気づけたりするのです。

例えば、私の会社には「ももち」というインフルエンサーの女の子が所属していますが、彼女のインスタのフォロワーを増やすにあたり、色んな方法を試してもらいました。

彼女は元々アパレルブランドの販売スタッフをしていたので、ファッションの知識を強みにした投稿やストーリーをアップしていたのですが、なかなか芽が出なかった。それは、ファッションの投稿をするインスタグラマーがあまりに多いのが原因だと思いました。

彼女とは何度も何度も面談を重ねながら、彼女の「**発信者としての強み**」と、それに適した「**SNSのサービス**」の**マッチング**を考えていきました。

彼女は大阪に長く住んでいたこともあり、話がとても上手でお笑いが大好き。だったら、「ファッションを発信する人は多くいるけど、ファッション×お笑い×生配信をしている子はいない！　インスタライブで毎日配信しよう！」と提案しました。

その結果、彼女は生配信ですごく伸びたのです！　フォロワー数は約半年で倍に増え、ＰＲ案件や女性向けのwebメディアからの取材が何本も来るように！

コーディネートが得意なインスタグラマーやYouTuberはすでにたくさんいましたが、フォロワーのコーディネートをサポートしてあげられるような「ライバー（生配信者）」はいなかった。「インスタライバー」という、これまでなかった新しい肩書きをつけてあげられたのです。

全てにおいて、「第一人者」はやはり強いですよね。今、HIKAKINさんの真似をしたからといってHIKAKINさんのようにはなれないですし。

まずは自分の思う通りの方法で続けてみて、あまりにライバルが多くて勝てそうにないと思ったら、**戦場**を変えてみる。**届け方**を変えてみる。ライバルが少ない戦場を模索して、開拓してみる。あるいは**投稿の仕方**を変えてみる。**ターゲット層**を変えてみる。**肩書き**を変えてみる。

こうした**柔軟な対応ができる人だけが、変化の激しいSNSで生き残っていける**。私はそう思っています。

発信力の磨き方

ここで、私が「発信力」を磨くためにしていることをいくつかご紹介します。何気なくやっていた習慣なんですが、結果的に発信に役立っているなと思うものをピックアップしてみました。

とにかくインプット

まず、発信者たるもの、インプットは欠かせません！

私のフォロワーのメイン層である20代女性の間で流行しているものや、彼女たちが見ているものは、私もとにかく見るようにしています。

主要な女性誌は毎月すべてチェックしますし、漫画もたくさん読みます。気になる作家さんがいたら、作品すべてを大人買いしたりもします（これは単に趣味というのもありますが）。若い女性が大勢集まるイベントなんかにも、なるべく足を運ぶようにしています。

それから、その内容だけでなく、伝えている文字のフォントについてもかなり研究しています。SNSの投稿はパッと見ただけで内容が伝わるようにしなければいけないので、文字の配置やフォントはものすごく重要な要素です。

若い女の子がよく見ている雑誌やサイトで使っているフォントは研究しつくしたので、一目見ただけで答えられるくらいになりました。

YouTubeのサムネイルをつくる時に、この文章はどのフォントにしようかな、と考えるのは、私にとっては遊びの時間になっています。

自分のフィルターを通して景色を見る

私は「インフルエンサーはキュレーターであるべき」だと思っているので、街をぶらぶらと歩く時にもつねに、「モテ」という視点で見ています。

何も考えずに歩いてしまうと、見えるものは「ただの景色」ですが、「モテ」という自分のフィルターを通して見ると、発信のアイデアが湧いてくるのです。

例えばキャリーケースを街で見かけたら、これを「ゆうこすモテちゃんねる」で紹介するとしたら、どういう切り口にするかな？　と考えてみる。「モテたい女の子の旅行の必需品」というテーマの動画をつくったら面白そうだな、というように。

思いついたアイデアはスマホにメモするようにしています。

外に出ると、何を見ても発見があります。

隣で話している女の子たちの会話から流行を知れることもありますし、スマホをいじっている人がいたら、その指の動き一つを見ても勉強になります。すべてが、「モテ」というフィルターを通した訓練になるのです。

自分の強みが見つかったら、外をぶらぶらして、自分が気になるものを探すのはオススメですよ。

音楽の歌詞に学ぶ

私はブログなど、特に長い文章を書く時には必ず音楽を聴いています。

元々音楽が大好きというのもありますが、音楽があると、落ち込んでいる時もテンションが高い時も、いい意味で振り切った文章が書ける気がするんです。

文章は普通のテンションではなかなか書けないのですが、エモいモードになるスイッチを入れてくれるのが、私にとっては音楽なのです。

ブログには書いている時に聴いていた音楽のタイトルも載せているので、それを聴きながらブログを読んでもらえれば、読者さんと同じ時間を共有できる気もする。私にとって、ブログと音楽は切っても切り離せない関係です。

この習慣のおかげで、「音楽をかけたら文章を書く」というルーティンもつくれました。


それから、発信力のある文章を磨くうえで、大いに役立ったのが「歌詞」。

共感、等身大さ、簡潔さ、熱量。こうした発信者に必要な不可欠な要素を、極限まで研ぎ澄ませたものが歌詞だと思うんです。

私は昔から色んなジャンルの音楽を聴いてきたからこそ、キャッチーなブログのタイトルを考えたり、フォロワーに刺さるツイートができるようになったし、テンポよく読めるリズムのいい文章を書くことができるようにもなったんじゃないかな、と思っています。

ライターさんなど、執筆を生業にしている人も音楽好きな方が多いですよね。文章力を磨くうえでも学ぶ要素がたくさんあるので、発信者は音楽をたくさん聴いてみるといいと思います。

第3章

#フォロワーをファンに

共感を熱量の高い応援に変える

ここまで読んで下さり、一つ一つ丁寧に実践して下さった方は、ＳＮＳのフォロワー数に変化が現れ出しているのではないかと思います！

もし、すぐにフォロワーが増えなくても落ち込まないで下さいね。ここまでが一番の難関なので、時間がかかって当たり前です。

私自身も、試行錯誤を繰り返しながら乗り越えたポイントなので、焦らずに叶えたい夢に向かって〝楽しみながら〟努力を続けて頂きたいです。やっぱりまずは楽しめないと続けられないですし、見ている側も無理矢理やってる人よりも楽しんでいる人の方が応援したくなりますよね。

ＳＮＳは楽しんでいるか楽しんでいないかが直で伝わってきます。バレバレです！　ここで「どうやったら自分は楽しめるのか？」を改めて考えてみるのもオススメです！

さて、ここまでフォロワーの増やし方についてご紹介してきましたが、**フォロワーが増えたからといって仕事に直結するかというと、必ずしもそうではありません。**

例えば、フォロワーが2万人以上いるインフルエンサーの方には、アカウントで企業の商品やサービスをPRして欲しいという単発のお仕事の依頼はあるでしょう。

でも、それが継続的なお仕事につながるか、つまり、それだけで生計を立てられるようになるかと言うと、そうとは限りません。そして、そのPRのお仕事内容が、自分がやりたい方向性ではないというケースも多々あります。

SNSを「自分のやりたいこと」で仕事につなげるためには、フォロワーを増やすこと以外に、何が必要なのでしょうか?

それは、自分のSNSをフォローしてくれた人たちを、**フォロワー**から**ファン**に育てていくことです。

第2章でお伝えしたように、フォロワーになってもらうために重要なポイントは「共感」と「メリット」でした。フォローしてくれた時点で、きっとその人はあなたのアカウントの方向性に「共感」を覚え、フォローする「メリット」があると感じてくれているはずです。

でも、みんながみんな、あなたのやりたいことを「**応援したい**」とまで思っているわけではありません。ただ自分にメリットがあるからフォローしているだけ、かもしれません。

フォロワー数＝ファンの数ではないのです。

私は冒頭に書いた通り、Twitterを始めた初日にフォロワーは2万人まで増えましたが、イベントを開催しても3人しか来なかったように、その2万人は〝ファン〟ではありませんでした。そしてこれはのちにとても重い十字架となったのです。

「2万人もいるんだ！　すごい！」と、地方の飲食店とコラボイベントのお話を頂き開催するも、全く人は来ない。商品PRのお仕事を頂いても、全く反応が無い。フォロワー数だけが先行してしまい、受ければ受けるほど仕事は来なくなり、「菅本裕子ってフォロワー数はまあまあいて、元アイドルだけどあの子に依頼しても効果ないな」という重い重いレッテルを貼られてしまい、仕事は

0に。という経験がありました。

SNSで夢を実現しようと思ったら、ファンの熱量を持った応援が何よりも大事！　**フォロワーとファンとの一番の違いは、「熱量」です。**

ファンとは、自分に共感してくれるだけでなく、自分と同じような目的や意識を持って活動までしてくれる、最強の味方のような存在！　自分のことを〝広めたい〟という意識を持ってくれているので自ら拡散したり、人に紹介したりしてくれます。友達のクチコミが一番信頼できますよね。

このように、**ファンがファンを呼んでくれるのです。**

そして、自分が何かSNSに投稿すると**必ず反応**してくれる、真似したいと思ってくれる、そうすることで〝**反響**〟が起きますよね！

人やお金を動かせるようになって、初めて仕事はつかみ取れるようになってきます。

第3章では、「フォロワーをファンに育てる方法」について、経験を元にお話ししていきます。

階層分けがファンづくりの入口

今、皆さんのSNSを見てくれているのは、どんな人たちですか？

フォロワーをファンに育てるためにはまず、今自分のSNSに興味を持ってくれているのはどんな人たちなのか、を考えてみるのをオススメします。

私は次の図のように、自分の情報を受け取ってくれる人たちについて、5つの階層に分けて意識しています。

❶自分を全く知らない人
❷自分の名前は聞いたことがある人
新規層（❶・❷）
❸とりあえずフォローしていて、投稿をたまに見てくれている人——ライトファン層

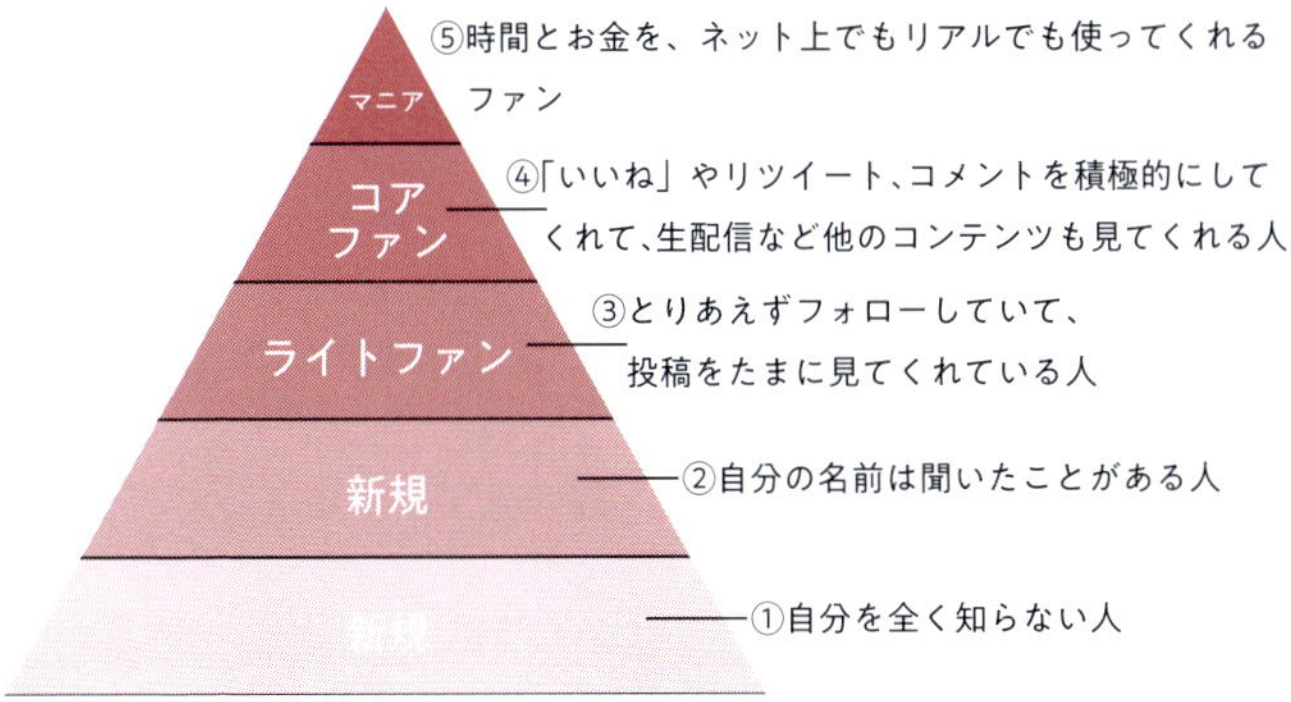

❹「いいね」やリツイート、コメントを積極的にしてくれて、生配信など他のコンテンツも見てくれる人――コアファン層
❺時間とお金を、ネット上でもリアルでも使ってくれるファン――マニア層

①が自分から一番遠い人で、⑤が自分にとって一番近い、マニアなファンです。①から⑤にかけて、自分への「熱量」が高まると思って下さい。

または、自分に使ってくれる「可処分時間」の割合が増える、と言い換えてもいいかもしれません。

①の人たちが自分に対して使う時間は0。一方、⑤の人はSNSの投稿に積極的にリアクションをくれ、ライブ配信も観てくれて、イベントに実際会いに来てくれることもある。多くの時間を使ってくれる人です。①から⑤の階層に移動するにつれ

て、その人が自分に使ってくれる時間が増えていく、ということです。

この①から⑤の流れで、どんどん自分に対して使ってくれる時間が多くなり、熱量が高まっていく、というのが理想的なファンづくりの流れです。

どんな人でも、サービスでも、ブランドでも、フォロワーさんはこのように分けられると思います。**私はつねにこの5つの階層を意識しながら、発信内容を変えたり、使うSNSを選んだりしてきました。**

私は今、Twitter・Instagram・YouTube・ブログ・生配信、と様々なSNSを使って発信をしていますが、

「ゆうこすって何でそんなに多くのSNSを使ってるの？」

「一つに絞った方がいいんじゃないの？」

と聞かれることも少なくありません。

私が多くのSNSを使っている理由は、フォロワーを階層分けしているからです。逆に一つのSNSだけだと、いずれかの階層の人がきっと不満に思うはずです。

コアなファンと、ライトファンの欲しい情報は全く違います。

例えば私の場合ですと、ライトファンは私の〝情報〟のファンなので、YouTubeやインスタでの商品レビューなどを求めます。しかし、コアなファンはそれだけだと寂しい。だから、ブログや生配信といったツールでは、マニアックすぎる私の日常、私のことを知らない人からしたらどうでもよすぎる情報を書いています。それはライトファンからすると必要ありません。

そうやって各階層に分けて発信することで、フォロワー全員の満足度をあげられますし、少しずつコアなファンになってくれます。

特に大事なのは、⑤のマニア層の人たちの**居場所**をしっかりと**用意**してあげることです。ここを疎かにしてしまう人、ブランド、サービスは多いですが、⑤のマニア層をしっかりとケアすることで、熱量のあるファンが増え、アカウントがどんどん活性化しますよ！

階層ごとのSNSの選び方

私は、階層ごとのSNSは拡散性で選んでいます。

YouTubeは「関連動画」からどんどん色んな人の動画が見られるようになっているため、新規の人に見てもらえる可能性が高いです。

動画の編集方法にもよりますが、テンポの良い動画に編集することと**新規さんもサクッと見ることができる**ので、私は①〜②の新規層に向けて〝情報〟を届けています。

次にTwitterです。これはリツイート機能がありますし、比較的多くの世代がまず初めに使うSNSなので、多くの人に見てもらいやすいです。

文字中心のメディアなので逆に写真がとても映え、写真が添付されているツイートは伸びる傾向にあります。よって、**多くの世代に届けたい企業さんや、イラストを添付して発信したいイラスト**

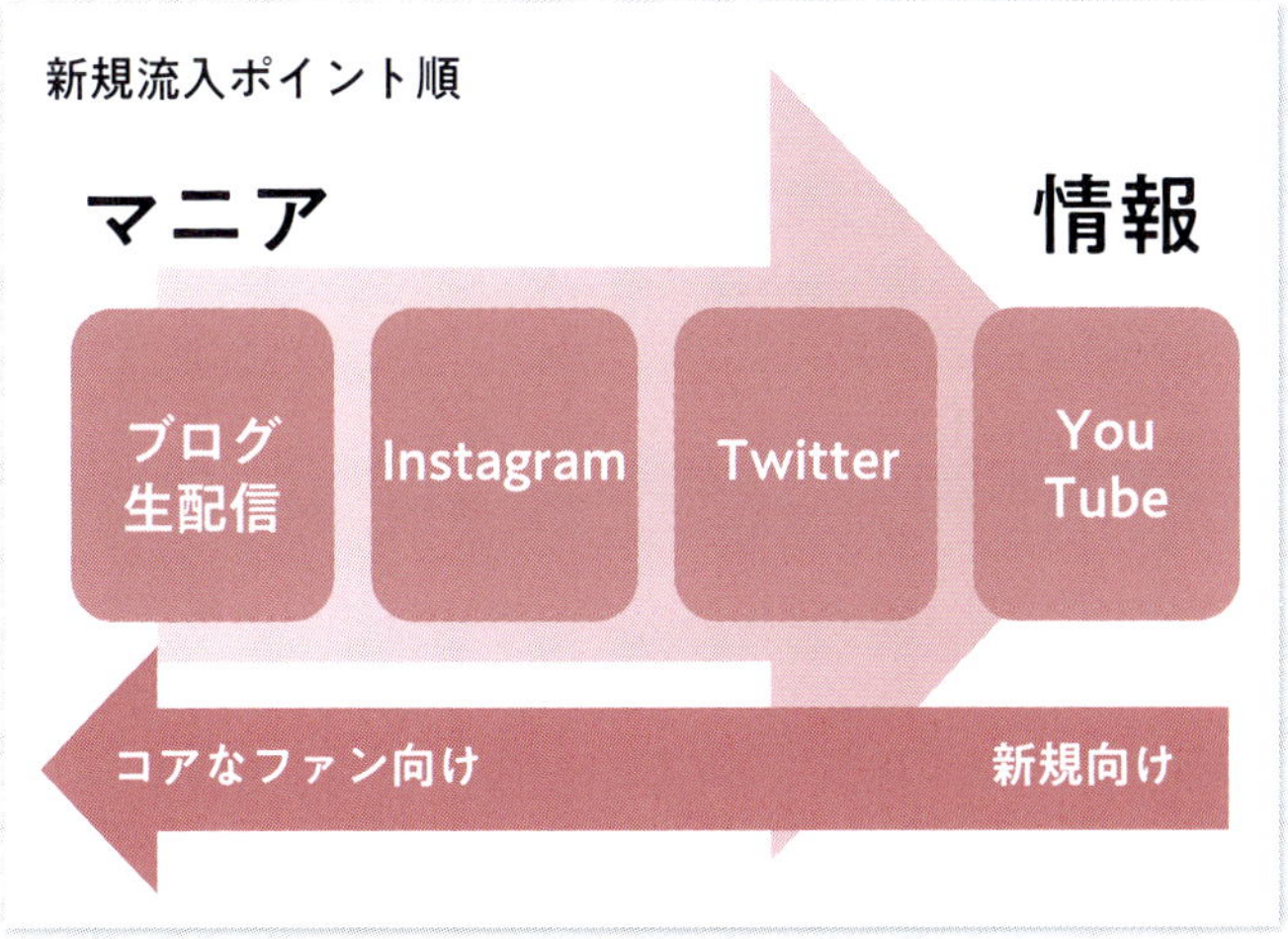

レーターさんには特にぴったりだなと思います。

次にＩｎｓｔａｇｒａｍです！

Ｉｎｓｔａｇｒａｍにはリツイート機能が無いですが、アルゴリズムによって検索画面に自分の好きな系統の写真が表示されます。タグをうまく使えば、自分が欲しいターゲット層に狙い撃ちでアピールしやすいＳＮＳです。

ストーリーズ、生配信、写真投稿、ＩＧＴＶと、色んな方法でフォロワーさんにアピールできたり、最近はストーリーズでフォロワーとコミュニケーションが取れる機能も追加されたので、コアなファンに育てられるＳＮＳだと思います。

ブログは拡散性は少ないです。どこかのニ

ユースなどにまとめられたり、たまたま検索されたら見てもらえる可能性はありますが、他のSNSと比べると拡散性はかなり低いです。しかし、写真を差し込んだり、文字の大きさを変えたりと、**文章をデザインしながら相手に届ける**ことができるのはメリットです。

生配信も同様に拡散性がありません。しかも、生配信を見るということは自分のスマートフォンの他の機能を使えなくなるということ。自分の時間を、配信者に奪われるということ。これは**新規ファンには苦痛**です。

しかし、リアルタイムで〝今〟の自分を共有でき、**熱量をそのまま届ける**ことができ、コメントにより**視聴者とリアルタイムでコミュニケーション**を取ることができる点はかなりのメリットです。

このように各SNSの特性をしっかりと把握し、フォロワーの階層をイメージしながら最低でも2つのSNSを使うことをオススメします！

拡散性が比較的あるYouTube・Twitter・Instagramのいずれかを①～③の新規・ライトファン層に向けて。

拡散性は低いけれど**想いを伝えやすい**ブログや生配信を④、⑤のコアファン・マニア層に。

④、⑤の階層の人は、**〝ひみつ〟を共有**したいのです。

好きなアーティストをイメージしてみて下さい！　その好きなアーティストのことを友達に語る時って、どんな話をするでしょうか？　みんなが知っているような話ではなく、「ねぇねぇ、知ってる？」と言いたくなるような話の方が多いと思います。

自分だけが知っている、応援している人の裏話。素の表情。失敗談。こういうマニアックな情報を拡散性の高いSNSに投稿し拡散されると、①〜③の新規・ライトファン層の人はしらけてしまいます。でも安心して下さい。

拡散性は低くとも、しっかりと④、⑤のコアファン・マニア層の方々が広めてくれますから！

トラブルは「好き」が増すチャンス！

第1章でも書きましたが、漫画と同じで失敗や困難があるほどその「ストーリー」は面白くなります。試練を主人公が乗り越える様子こそ、読者が読みたい部分だからです。

だから、**SNSでもマイナスはむしろあった方がいい。**そういう部分も知ってこそ、皆さんのストーリーを見ているフォロワーは応援したくなるのです。

私がそのことを強く実感したエピソードがあります。

実は私、2017年にグラビアDVDを出しているのですが、本当は出したくなかったんです。

当時は既に女性に向けてモテ情報を発信していたし、自分で会社も設立して、初めてのスタイルブックや書籍の発売も決まっていた。女性ファンが増えてきて、発信者としてのポジションをようやく確立できた頃でした。

そんな私がいきなり水着になったＤＶＤを出したら、女の子のファンがびっくりしてしまうと思ったし、自分がやりたくない方向性の仕事が世に出てしまうことにすごく抵抗がありました。

でも、アイドルを辞めて間もない、まだ自分の方向性もわからなかった時にＯＫをしちゃってお り、決まった以上は仕方ない。**変えられないことを変えるよりも、この失敗を次に活かそう！**と考え方を変えました。

応援してくれているファンの皆さんには、きちんと私の気持ちを自分の言葉で伝えたいと思ったので、当時こんなツイートをしました。

ファッションや美容の仕事がメインでファンも9割が女の子な今、グラビアDVDが発売されました（笑）決定したのが2年前、撮影が1年前。逆に言うと、それから1年で会社設立&自己プロデュースで好きな事を仕事にできた。みんな、驚かせちゃってごめんね。最初で最後w男子はこういうの好きなの？

1年前個人事務所を設立し、好きな事を仕事にした。誰も、私が今の様になるとは思ってなかっただろうけど、私は「確信」していた。

会社を設立して、自己プロデュースをして、本当に良かった。過去なんていくらでも変わる。変えられるよね。私のレールは、私がひく。何よりも安全で、確かで、楽しい道なんだ！　これからも自分で、切り開いていく！　見ててね。。。

1年前はやりたくないことも嫌なこともやっていたけど、たった1年ですごく成長できたんだよ、こんなに変われるんだよ、と私を応援してくれる女性ファンに伝えたかったのです。

結果的に、このＤＶＤによってファンが減ることはなく、むしろ「ゆうこすにもこんな時期があったんだね」「私もゆうこすみたいに頑張りたい！」と共感してくれる女の子のファンがものすごく増えたんです。ちょうど同時期に主催していた「やりたい事をやって生きたいの」という事務所所属タレントのオーディションには、なんと４０００人もの女の子が応募してくれました。

このオーディションは、芸能のお仕事をしたい女の子たちに騙《だま》されて欲しくない、という想いがあって開催したのですが、私自身が騙された過去があることを公表した（ツイキャスではより詳細に語っていました）ことで、より「重みのある言葉」として受け止められたのだと思います。

過去の失敗も隠さずに見せて、今自分がやっていきたいことをきちんと自分の言葉で伝えることができれば、プラスにできる。むしろ失敗があることで、「共感」が「応援」に変わるんだと、この時ほど、そのことを強く感じたことはありません。

完璧な姿だけを見せるのではなく、新しいことにチャレンジする時も、失敗した時も、全部見せて自分の「ストーリー」にしてしまう。それを見せてくれるたびに、フォロワーの「好き」は増していくのです。

失敗の投稿も残しておく

考え方が変わると、昔のツイートやブログの投稿を削除したくなることがあるかもしれません。人間、生きていれば成長もするし、時には間違うこともあります。感情が高ぶって、尖った発言をしてしまうこともありますよね。

でも、過去の投稿を消してしまうと、せっかくのストーリーが見えづらくなってしまいます。そして、**SNSは何度失敗しても、やり直すチャンスを与えてくれる場所**でもあります。

消したくなった時は、過去のツイートを引用リツイートして訂正したり、「今はこう思います」

と発言したりして、軌道修正すればＯＫ！　その方が成長が見えて、フォロワーからの信頼が高まります。

最初から完璧なスタートを切る必要はありません。それよりも、失敗も成功も繰り返して、つねに夢に向かってアップデートしていきたい、という姿勢を見せていくことの方がずっと信頼を得られるという意味で、大事です。

皆さんがもし失敗したとしても、明確な目標やビジョンを持って進んでいれば、フォロワーの人たちもそこに向かって一緒に進んでいきたい、夢を実現する様子を見届けたい、と思ってくれるようになります。

皆さんの行動全てが、フォロワーにとって自分事化していくのです。

そして、その過程で生まれる「応援」の熱は、自分が発信していくうえで、とても大きなモチベーションになってくれるのです。

熱量を共有しあう場をつくる

より「応援したい」と思ってもらうためには、リアルな交流についても考えてみるといいと思います。例えば、オフ会のような、直接ファンの人たちとコミュニケーションできるイベントを企画してみる。

リアルなイベントでは、SNS上で交流するのと違って、ファンの人たちとより密なコミュニケーションを取ることができます。皆さんのアカウントやあなた自身に対する率直な感想や意見を聞くことができるので、今後のアカウントの方向性を考えるうえでも参考になるはずです。

そして何より、実際に会えるというのは、発信者にとっても、ファンにとってもとても嬉しいことですよね。

対面すれば応援してくれる人の熱量をリアルに体感できるので、発信者はより発信のモチベーションが湧いてきます。そして、ファンも直接話したり写真を撮ったりして、さらに「この人を応援したい」と思ってくれるようになり、思い入れが深まるのです。

イベントを開催するとなると、きっと来てくれる人の多くは129ページの図の④、⑤のコアファン・マニア層になるかと思います。この層の人たちが「楽しい！」と感じてくれれば、きっとその楽しさをＳＮＳに投稿してくれますよね！　その投稿をリツイートしたり、紹介することで①～③の層の新規・ライトファンの人たちも「行ってみようかな」と思いやすくなります。クチコミが一番信用できますからね！

イベントを企画するとなると、最初は集客の面で不安があるかもしれません。私も経験がありますが、せっかく企画したイベントにほとんど人が来てくれなかったら落ち込みますよね。そうならないためには、**ファンが参加しやすい雰囲気づくり**を事前にしっかりとしておきましょう。

「みんなでゲームをしよう」「ゴミ拾いをしよう」といった参加する目的が明確にわかるようなイベントにしてもいいですし、気軽に参加できる飲み会のようなものにしてもいいと思います。とにかく、初めのうちは参加するハードルを下げることが大事です。

私の場合は、女子部と男子部に分けて焼肉会を開催したりしています。

それから、イベントの詳細が決まったら、しっかりと自分のＳＮＳで告知をして下さい。日時や場所、金額はもちろんですが、「こんな人たちに参加して欲しいイベントです」「当日はこんなことをします」など、イベントの雰囲気もイメージできるようにお伝えしておくと、ファンが安心して参加できる場になると思います。

リアルに交流できる場は、もう一つメリットがあります。それは、**発信者とファンだけでなく、ファン同士も交流できる、**という点です。

実は、コアなファンをつくるためには、これも大事なポイントになります。

ファン同士が「ここがいいよね！」「わかるわかる！」と、互いに共感しあって、熱量を共有できる「場」があれば、その人たちの応援の熱量がより高まり「コアなファン」になりやすいのです。

一方的に発信を続けるだけではなく、ＳＮＳ上でもファンの人たちが発信したり交流したりできる「場」をプロデュースしてみることはオススメです。オンラインサロンなんかもその一例ですね。

そうした場を発信者が提供すれば、**応援してくれるだけでなく、一緒に情報を広めてくれる多くの仲間をつくれるようになるのです。**

ファンに頼って壁を取り払う

SNSの醍醐味は、やっぱりファンと「コミュニケーションを取れる」ことだと思います。

フォロワーからのコメントが多く、熱量と活気に溢れたアカウントを目指したいものですよね！

けれど、〝情報〟を発信すればするほど、見ている側は**フォロワーはするけど壁を感じる**でしょう。

特に企業の公式アカウントともなれば、コメントなんてそうそう送れないと思います。

共感やメリットを提供できるようになったら、次は積極的にフォロワーを巻き込むことを考えてみましょう。

私は、「あなたの意見が、実際に反映されるんだよー」という発信を定期的に行っています！

例えば、

・バナーの作成をファンにお願いしてみる

・YouTubeの動画のタイトルをみんなに決めてもらう
・生配信のテーマをみんなにアンケートで決めてもらう

フォロワーを頼って、「みんなでこのアカウントをつくっている」感を出すのです。

そうして、みんなの意見を積極的に取り入れる。これを意識的に行うことで、「自分の応援に意味がある」「見ていて楽しい」、そう思ってもらえるようになりました！

さらに、SNSで投稿する際は、「みんなはどっちが好き？」や「みんなは、どうしてる？」など**「みんな」**を**強調**し、**疑問形**で投げかけることで、ファンの皆さんが気軽にリアクションしやすい雰囲気をつくっています。

褒めテティテイ

私はとにかくフォロワーの皆さんに**感謝**の気持ちを伝えています。

ただただ感謝の気持ちを伝えるだけではなく、「何をどうされたから嬉しい」と具体的に書くよ

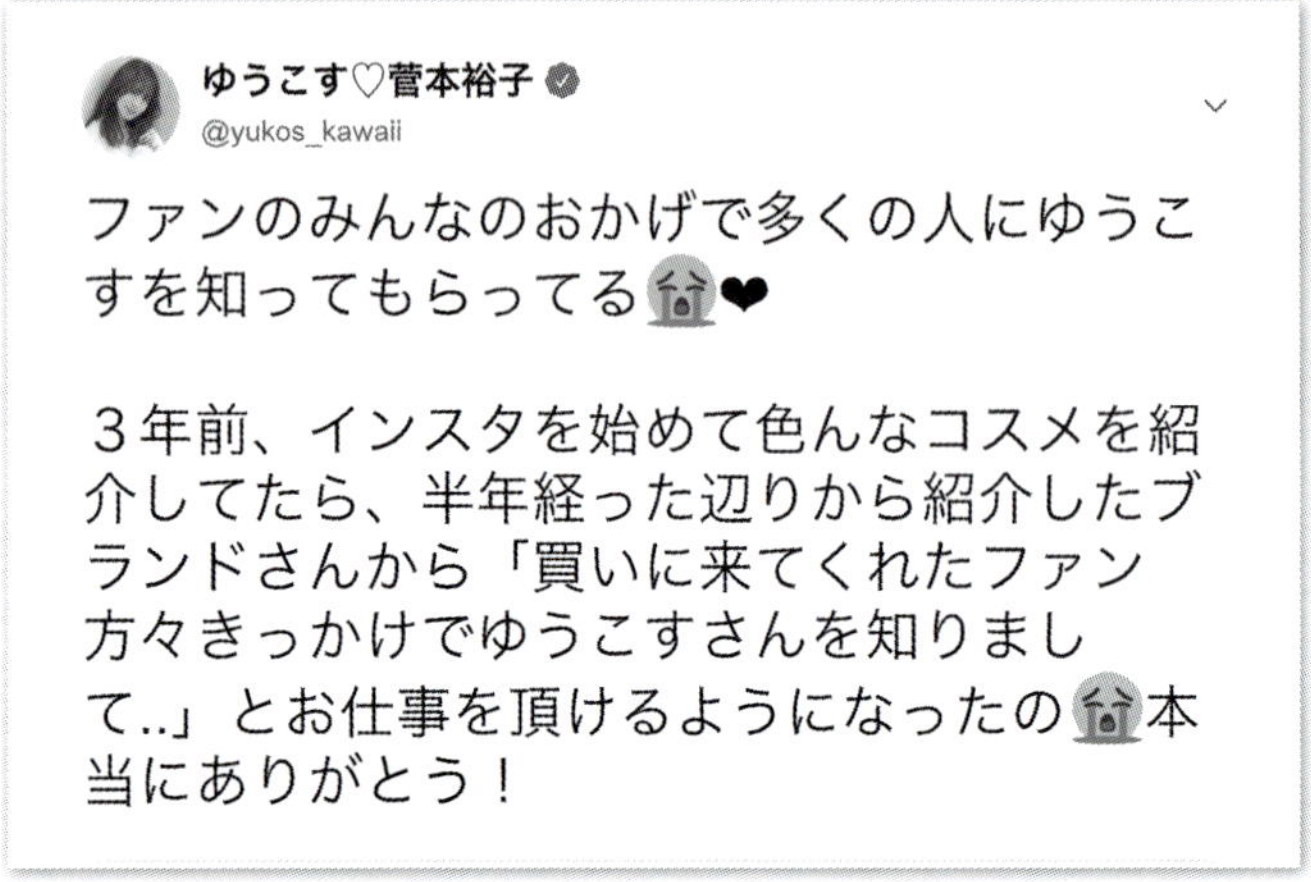
ゆうこす♡菅本裕子
@yukos_kawaii

ファンのみんなのおかげで多くの人にゆうこすを知ってもらってる😭❤

３年前、インスタを始めて色んなコスメを紹介してたら、半年経った辺りから紹介したブランドさんから「買いに来てくれたファン方々きっかけでゆうこすさんを知りまして..」とお仕事を頂けるようになったの😭本当にありがとう！

うにしています。

「応援」と一口に言っても、やり方は様々ですよね。

路上ライブを行っているアーティストなら「CD」、アイドルなら「握手会のチケット」を買うこととわかりやすいですが。

SNSでは自分がどのように応援して欲しいのか、しっかりと言葉にしないと相手には伝わりません。

私の場合は「モテに関するコスメやファッションの情報をたくさん発信するので、もし共感して真似したい！　参考にしたい！　と思ってくれたら、買う時に『ゆうこすの投稿を見た！』と伝えてくれたらとても嬉しいです！」と何度も伝え、実際に店員さんに伝えてくれた人には感謝の気持ちをしっかりと伝えています。

こうして褒めると、フォロワーさんにアイデンティティを持ってもらえます。**ファンでいることに自信も持てると思います。** まだフォローしたばかりのライトなファン層の方々も「こういう風に応援しているんだ」と、コアファンとのやり取りを見てよりファン度が高まるかもしれません。

これを私は褒めティティと呼んでいます！（笑）

完璧さはいらないライブ配信

私が最もフォロワーとの距離感を縮めるのに適していると思うのは「ライブ配信」です。フォロワーと「リアルタイム」で「双方向」のコミュニケーションが取れるので、フォロワーからファンになってくれる可能性が高まるのです。

ライブ配信は少しハードルが高いと感じる人も多いかもしれませんが、現在は、様々なライブ配信の仕組みがあります。

Twitterを使っている人ならペリスコープで気軽に配信ができますし、インスタを使っているならインスタライブが便利。さらに、Facebookのライブ配信、LINE LIVEやSHOWROOM、17Liveなどもあります。それぞれ使える機能や特徴が異なるので、ぜひ自分に合ったものを探してみて下さい。


ライブ配信をしたことがない人は、何から始めていいのか悩むと思います。

しかし、テレビのように事前に構成を決めて台本を用意し、**しっかりとリハーサルをしたような完璧な配信は、私の経験では案外コメント率が低いんです。**それは視聴者の入るスキマが無いからです。

それよりも、コメントのやりとりがあったり、見てる側も参加できたりするようなコンテンツが一番盛り上がります。

だから、企画や話すテーマをしっかり決めていなくても大丈夫！ 見てくれている人に質問を投げかけてコメントをもらい、それに対して答えていく。これだけでも配信は十分成立します。

とはいえ、まだSNSのフォロワーが少なく、ライブ配信を見てくれる人があまりいない場合は、頻繁にコメントをもらうことは難しいかもしれません。

そんな時は、どうするのがいいでしょうか？「何か聞きたいことありますか？」「番組を盛り上げたいので、コメントお待ちしておりまーす」と呼びかけてみるのもいいのですが、それでコメントが来ないと辛いですよね。

私のオススメは、漠然とした問いかけをするよりも、「これとこれ、どっちがいいと思いますか？」と2択にして質問を投げかけること。2択にすればリアクションしやすくなるので、視聴者のコメント参加率が上がっていくのです。

フォロワーの皆さんとの距離を縮めるのにも、文章やアーカイブには残したくないようなコアな想いを語る時にも、リアルタイムでしか見られない「ライブ配信」はオススメです。

毎日23時にファンと会う習慣

私は、毎日23時と決めてインスタライブを行っています。

毎日時間を決めておくことで、④、⑤層のコアファン・マニアの方はスケジュールを立てやすくなりますし、①〜③層の新規・ライトファンの人たちも「そう言えばこの時間、ゆうこすが何かやってるんだっけ」「なんとなく見てみようかな」と、記憶に残ります。

23時と言えば、ゆうこす！

そうして毎日フォロワーさんとSNS上で会うことで、コメント数が増え、「距離が近くなった」という言葉をもらえるようになって、確実に親密度が上がったなと感じています。

毎日習慣化して投稿を続けていれば、「熱量」も伝わります。

継続するって、とても大変ですよね。でも、

継続する数はわかりやすい熱

量の届け方です。見ている側は確実にその熱量を感じてくれます。

時間を決めたら、後はやるだけ。

自分にムチを打つようになるので、「気がついたら全然更新してなかった」なんてこともなくなると思います。習慣化することでのメリットはたくさんありますよ！

第4章

#ソーシャルパワーを仕事にする

SNSだけで仕事をつかむ

私は芸能事務所に所属していた時、「仕事は与えられるもの」だと思っていました。

しかしSNSでオススメしたい商品を発信し続けていると、私の情報を信用して買って下さるフォロワーさんが大勢いて、それが仕事の依頼にまでつながりました。

その時、仕事は自分でつかみにいくものなんだということに初めて気づかされました。


フォロワー1万人を超えてくると、投稿で商品やサービスの紹介をするPR案件の依頼を頂くことが増えてきます。ですが、それまで仕事のつかみ方はもちろん、どんな仕事をどんな風に受けたらいいのかなんて教えてもらったことは無かったですし、今でもググっても出てきません。

そのため、最初の頃は何度か失敗をしました。


ここ数年、問題視されているPR案件ですが、よく起こってしまうのが、PR投稿をすることでインフルエンサーの「信頼度」が下がってしまうというもの。いつもの投稿の雰囲気とは違う広告に、フォロワーは急に〝お金の匂い〟を感じ、冷めてしまうのです。

しかし、広告費はインフルエンサーにとってとても大きな収入源であることは間違いありません。実際私は、テレビ・新聞・ラジオ・雑誌と色々なお仕事をさせて頂いていますが、広告案件は圧倒的に金額が大きいです。

そして、大きな企業から広告案件を頂けるようになると自分の実績にもつながります。

私は最初の頃から、フォロワーからの信頼を失わないために「PR案件は好きなブランドしか受けない！」と決めていました。それでもフォロワーさんから「なんかちょっとがっかりしちゃった」とコメントを頂いたことがあります。

しかし、最近では「もっとPR案件受けて欲しい！」とまで言ってもらえるようになり、多い時で1ヶ月に100本ほどの広告案件のご依頼を頂けるようになりました！

これから私の失敗談と成功談を紹介していきますが、既にSNSで発信している方は〝PR案件〟は必ず通る道で、受け方次第でマイナスにもプラスにも転ぶものです。ぜひ自分と照らし合わせながら読んで頂きたいです。また、お仕事を依頼する側の企業さんや広告代理店の方に向けても、おこがましいですが、インフルエンサー視点の「こういう案件はフォロワーも自分も幸せで反響があった」というケースをお伝えさせて下さい！

仕事を依頼したくなるデータのつくり方

自分が「やりたい仕事」を依頼されるようになるためには、依頼するクライアントや代理店側の目線に立って、必要な情報を自ら提供していくように考えてみましょう。

皆さんが依頼する立場だったら、どんな人にお願いしたいと思うでしょうか？

まず、どんな**仕事**にも**予算**があります。「ｎｏｔｅ」などで自分のギャランティを公開する人が増えていますが、特に**フリーランス**の人は**実績**と合わせて**価格**まで公開し

【改訂版】オリタケイにお仕事頼むといくらかかるの？

ておくと、希望する仕事につながりやすいのではないかと思います。

仕事の種類や価格が事前にわかれば、依頼する側も予算を組みやすいですし、安すぎる案件を依頼されるなどのミスマッチも起こりにくくなります。

さらに、価格帯を自分で設定することによって、プロとしてセルフブランディングできる。その結果、やりたい仕事を引き寄せやすくもなります。

インフルエンサーで公開している人はまだあまりいませんが、一つの方法だと思います。

それから、自分のファン層について詳細な情報があると、喜ばれます！　特にPR案件は**フォロワーの年齢層や性別**といったデータを提供できると、依頼される確率が高くなります。

Twitter、インスタ、YouTubeなどSNS別のフォロワー層のデータがあれば、**代理店の方がクライアントに提案する際のプレゼン資料にもできるからです**。自分のフォロワー層を把握し、データ解析までできてい

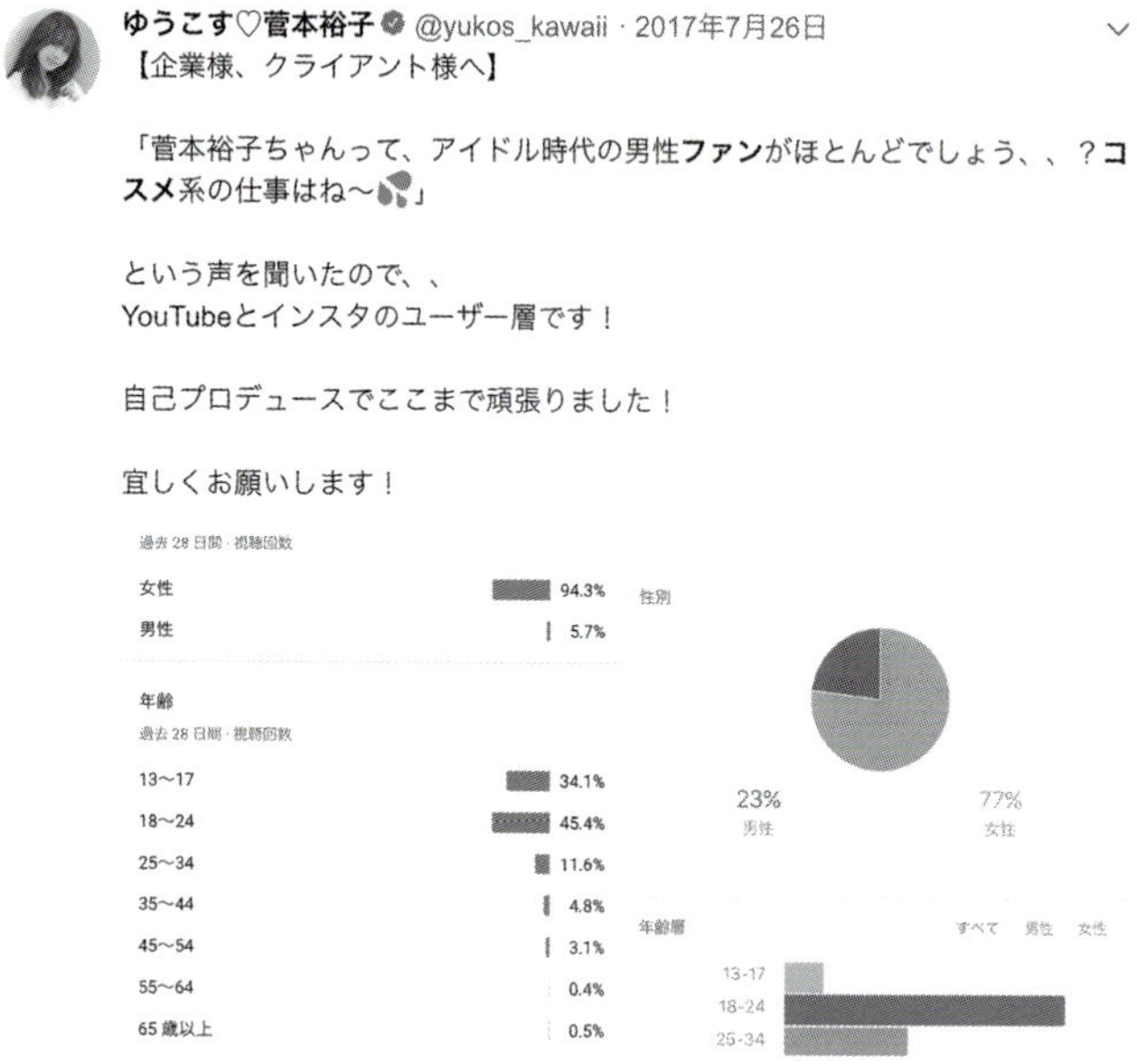

る発信者はまだまだ少ないので、ぜひ作成して周りに差を付けましょう！

Twitter→ツイッターアナリティクスでチェックできます。

Instagram→Facebookと連携しビジネスアカウントにすると見られるようになります。

YouTube→パソコンまたはYTstudioというアプリから確認できます。

さらに**大事**なのが、**実績のデータ**までつくることです。

私は「この商品を紹介したところ、

ゆうこすインスタライブ					
	配信時間	リアルタイム最高視聴者数	リアルタイム総視聴者数	アーカイブ総視聴者数	配信内容
2019/1/25	2245-2345	5200	22000	99000	メイク生配信
2019/1/26	2300-2330	3800	21680	79000	スキンケア
2019/1/27	2300-2330	2700	20792	81000	焼き肉食べながら質問返し
2019/1/28	2310-2400	3500	27866	87000	ネイル生配信
2019/1/29	2300-2330	3800	21087	83000	宅飲み配信

差出人: "info KOS,inc." <[redacted]>
日時: 2018年9月11日 15:59:49 JST
宛先: [redacted] <[redacted]>
件名: Re: お取り組みについてご相談

●●様

お世話になっております。先日はありがとうございました！

配信終了後のSNSでの反響がすごく、本当に嬉しかったです、、！

▷SNSでの視聴&拡散データを共有させて頂きます。(画像４枚添付しております。)
①配信終了時〜翌日の #ゆうこすハンズジャック は【640ツイート】でした、、！(鍵アカウントが多いので全部は見れないですが、、)
②インスタライブ、リアルタイム視聴数で【30000視聴】でした。
③インスタライブですが翌日のお昼11時の時点で 【83000視聴】でした！申し訳ございません。こちら24時間のアーカイブが終わる頃のスクショが撮れず、、。このスピード感でいうと、10万再生〜15万再生は確実に超えていると思います。
※こんなに再生されたの初めてで驚いております、、！！
④事前告知のインスタストーリーズは【計４つ】で、83000〜114000人見てくれました。
⑤事前告知のツイートは163000人に見てもらいました。

何点か確実な数が共有できず、申し訳ございません。

私もこんなに楽しい生配信は初めてで、とてもワクワクしましたし、良い経験にもなりました。
私だけじゃなく、ファンのみんなもとても喜んでくれています！＼(^o^)／

今後も、●●さん、ハンズさんとご一緒できたらとても嬉しいです！(^ ^)
今回は本当にありがとうございました！

引き続き、プレゼントの件等よろしくお願い致します！

ゆうこす

『いいね』が◯件付いて、『買った』というコメントが◯件来ました」など、自分の発信に対する反響をまとめています。

たとえば上のメールは東急ハンズさんとお仕事を行った際の、案件後の送信メールです。

「Twitterではこの時間帯に◯回検索され、◯回ツイートされました。インスタライブではこの時間帯に◯時間見られていて、こんなコメントが多かったです」など、細かい反響まで抜粋してクライアントさんにレポートを送ったところ、とても感謝されました。この他にも私は第3章でお伝えした毎日23時に行うインスタライブの視聴者数を上の表のようにまとめています。

依頼される前に予想される反響を数値化して提供できれば、先方が効果測定しやすくなりますし、印象にも残りやすくなります。するると、「また一緒に仕事したい」「大事な案件の時はこの人にお願いしよう」と思ってもらえるのです。

また、私はInstagramで好きなコスメの使用感を詳しくレビューしたり、動画でオススメポイントを熱く語ったりする際、第2章でお伝えした通り、フォロワーの皆さんに「ゆうこすの投稿を見て真似して買った人は、#ゆうこす現象というハッシュタグを付けて投稿して下さい！」と呼びかけていました。

すると、少しずつですが**#ゆうこす現象**の投稿が増え、私がコスメを紹介すると次の日の朝に列ができている、なんてことも起きるようになりました。

このように、自ら実際に人を動かしている事例をつくっておくと、よりクライアントにも信頼されますし、フォロワーがどうすれば喜んでくれるのかも具体的にわかりますよね。

お金以外にもメリットがある仕事しか受けない

安定した仕事につなげたい、今後も影響力のある発信者で在り続けたい、と思うのなら、仕事は強い意志を持って選んで欲しいと思っています。なぜなら、**依頼されたPR案件が、ファンの共感度を下げる要因になってしまう可能性**もあるからです。

例えば、インフルエンサーの方で、成分までしっかりこだわって化粧品を選んでいる日常をSNSで発信している人が、安さだけが売りの商品をPRしたり、月に何度も違う化粧水を紹介していたりしたら、どうでしょう？

フォロワーの方たちは「この商品、本当にいいのかな？」と疑問を感じ、その人が紹介する情報を頼れなくなってしまいます。依頼が来るままに全部引き受けてPRしてしまうと、発信する人の熱量が疑われ、フォロワーからの信用度が下がってしまうのです。

PR案件というのは、インフルエンサーが自分のSNSを使って、クライアントの商品が売れるように宣伝するお仕事です。**インフルエンサーはそれまでに時間をかけて築いてきたフォロワーの皆さんに向けてPRを行います。**

クライアントさんの「商品」にあたるものが、発信者にとってはフォロワーからの「信頼」とも言えます。いくらお金を払ってもすぐには手に入れられない、大切なものを担保にお仕事をしているのです。

だからこそ、いくらお仕事とは言え、**PRのために自分のアカウントを安売りはしないで欲しい**です。自分のフォロワーを一番知っているのは、クライアントではなく自分自身。クライアントの意向よりも、自分のファンを第一に考えることを大切にしたいです。

これまで、様々なご依頼を頂きましたが、私は、❶本当に好きなブランド、または❷自分の実績となるような大手企業のどちらかしかPRは受けないと決めていました。仕事がほとんど無かった頃から、この軸はつねにブレていません。

仕事をたくさんもらって早く稼げるようになりたいとは思っていたけれども、それによって、私の発信する情報を信じてくれるファンの皆さんを裏切るようなことは絶対にしたくなかったからです。

1万フォロワーを超えたあたりからクライアントさんから頂く案件は、大体3パターンに分けられます。頂くDMの内容を再現してみました。

次のページのような感じで、基本的にテンプレートです。

これだと、別にゆうこすでなくても他の人でも良いという状況ですよね。

案件を一度に大勢のインフルエンサーに依頼するケースが多いので、インスタ上には同日に似たような投稿が溢れます。その商品名をタグると、ほぼ同じ写真と、同じ内容の投稿が大量に出てくる。信用性はかなり低くなってしまいますよね。

また、クライアントや代理店の方からは「PRに見えないよう、自然にお願いします」と依頼されるのですが、このような投稿は逆に、フォロワーにとっては不自然に映るのではないかと思って

❶ 単品ギャラパターン

▼クライアント
株式会社〇〇

▼投稿イメージ
顔+商品

▼ギャランティ
〇〇円

▼商材
〇〇

▼投稿日時
〇日〇時

▼稼働内容
Instagram投稿1回

▼ハッシュタグ
#PR #〇〇 #〇〇

❷ 無料で体験パターン
(美容室やエステ、ネット販売限定のアパレルなどに多い)

無料でご提供させて頂きますので、ぜひ投稿して頂けませんでしょうか！

▼ハッシュタグ
#PR #〇〇 #〇〇

❸ アフィリエイトパターン
(ダイエット系や脱毛、健康食品が多い)

私、インフルエンサーキャスティングを行っている株式会社〇〇の〇〇と申します。

オススメ案件をご紹介させて頂きます！

▼〇〇
単価…￥〇〇

▼△△
単価…￥△△

▼□□
単価…￥□□

単価×人数が報酬となります。

現在〇〇と△△は非常に人気の案件となりますのでオススメです。

他にも弊社は高単価で多数案件ございます。どこよりも高い単価でご提案させて頂いております。他社にて弊社より高い単価がございましたらお気軽にご相談下さい。

います。テンプレートが決められすぎていると、発信者の普段のカラーを出せないからです。

正直、得られるメリットはお金だけです。

Ｉｎｓｔａｇｒａｍを始めた当初はまだ貧乏でお金もなかったので、「投稿するだけでお金がもらえるんだ」と、正直喉から手が出るほどでしたが、信念を貫こうと思いました。そうやってしばらくは、ＰＲ案件を頂いても９割はお断りさせて頂いていました。

そうして信念を貫いたからこそ、信頼度を維持でき自分が本当に好きなブランドや自分の発信者としてのブランド価値を高めてくれるようなクライアントさんからお仕事を頂けるようになりました！

ＰＲ案件は、「この案件はタダでも受けたいのか？」と少々オーバーかもですが、それくらいの信念を持って決めて欲しいです。

強い意志を持って仕事を選んでいると、結果として自分、フォロワー、クライアント、みんなにとってメリットがある「三方《さんぽう》よし」の状態になるのです。

フォロワーファーストで依頼の2倍投稿！

私はPR案件を受けたら、依頼の2倍は投稿するようにしています。
2倍投稿したからといって、ギャランティーが2倍になる訳ではありません。
では、何のために行っているのか。それは、〝信用〟のためです。

先ほどフォロワーさんから「なんかちょっとがっかりしちゃった」とコメントを頂いたことがあると書きました。その時の投稿を左図のようにイラストで再現してみました。

これを見て、フォロワーさんはどのように感じるでしょうか。めちゃくちゃ反省しました。

・この写真の構図よく見るよねw↓クライアントから指定のポーズ

yukos0520　●●●さんから新商品を頂いたので、飲んでみました
すごくおすすめだよ♥　@●●●
#PR # ダイエット

・文章のテンプレ感すごい→実際テンプレ。言葉尻はゆうこす
・好きが伝わってこない→文章からも滲《にじ》み出ている
・見る意味が無い→飲んでいるという事実はわかるけど、詳細な写真も無いし、情報が薄い

テンプレート化された依頼は、確かに投稿側も依頼側も〝楽〟です。しかし、それではお互いにとってメリットは無いのです。

本当に好きなものであったら、たった1回の投稿・テンプレート文章になる訳が無いですよね。好きだからこそ、何度も投稿してしまう。想いがあるからこそ、熱量のある文章になる。そういう投稿をすることでファンは信用してくれますし、クライアントからの評価も上がり、また次の仕事へとつながるケースが多くありました。

テンプレートで文章を頂く場合は、それを元にしっかりと自分の想いを伝えること。そして、見てくれる相手へ情報（見る意味）をきちんと提供することを意識すると、熱量が届きました。**「自分が本当に好きなものしか受けない」と言っても、その「本当に好きという想い」が伝わらなかったら意味が無いのです。**

以前お受けしたＰＲ案件の一例をもう一つ、ご紹介したいと思います！

こちらの商品は元々ずっと使っており、ＹｏｕＴｕｂｅやＩｎｓｔａｇｒａｍで紹介していたところ、新色のＰＲ案件のお話を頂きました。

元々は「顔の横に商品を持って撮影して下さい！」という依頼だったのですが、私のファンはコスメが好きな子が多く、そしてこの商品の良さを伝えるためには〝動画〟で実際に使っているところを映した方が良いなと思い、クライアントさんに逆提案をさせて頂きました。

実際に塗っている動画を撮り、クライアントから依頼されている訴求点を私ならではの〝モテ〟に絡めた文章にし、文章の最後は疑問形にしてフォロワーさんの意見も聞くスタイルにしました。
「見る意味のある情報」をしっかりと詰めたこの投稿は、フォロワーからの反応が良かったばかりでなく、タグって知っ

てくれた新規の方にも届く結果になりました。

私はＰＲ案件を投稿する時は特に、❶保存数と❷コメント数を見ています。

❶**保存数**で、どれだけ**見る意味・情報**を提供できたのかがわかりますし、❷**コメント数**でフォロワーからの**信用度・距離感**を確認できるからです。

―お仕事を依頼して下さる企業の皆様へ―

私は、**インフルエンサー**をもっと**商品**の〝**オタク**〟にして欲しいと思っています。

顔を合わせての打ち合わせを行ったり、製品開発者さんのお話を聞かせてもらえたりすると、インフルエンサーが商品、または企業に思い入れを持つことができます。そして、その思い入れは、きっとフォロワーにも伝わると思うのです。

もしお忙しくてその時間が取れないのだとしても、文章でいいので、どうして私を選んで頂けたのか、商品をつくった想いはなんなのか、どんな人に使って欲しいのか、それくらいは教えて欲し

キャンセル
インサイト
❷コメント数
2018/07/31 23:16に投稿
❶保存数
15千
122
-
5.2千
インタラクション数
35,281
この投稿から実行されたアクション
プロフィールへのアクセス 35,278
ウェブサイトクリック 2
メール 1
発見
463,635
リーチしたアカウント
51% はあなたのフォロワー以外の人です
フォロー 1,788
リーチ 463,635
インプレッション 728,071
ホーム 361,452
プロフィール 144,904

いなと思います。

わがままな奴だ！　と思われてしまったらしょうがないのですが、**テンプレート化した文章をさらっと投稿するだけでは、企業側にもインフルエンサー側にもメリットが無いように思えるのです。**

仕事が殺到するインフルエンサーとは？

フォロワー数が何人なら、ＰＲの依頼が来るの？

ＰＲ案件は、いくらで引き受けるのが妥当？

クライアントは、どうやって依頼するインフルエンサーを探しているのか？

きっと皆さん、こうした疑問をお持ちだと思います。依頼が来たけれど、思ったよりも報酬が安かった、と感じたことがある人もいるかもしれません。

ＰＲ案件のギャランティは、１フォロワー＝１円と相場で依頼されるケースもありますが、人によって様々で本当に曖昧です。特に、ＰＲの実績がまだあまりないマイクロインフルエンサーには、ひどく安価な報酬が提案されることも。ＳＮＳでビジネスをするためには、依頼する側の情報もあわせて知っておいた方がいいでしょう。

そこで今回、私がよくお仕事させて頂いているＦＩＳＭというインフルエンサーマーケティング会社の方に、インタビューをしてきました！　気になる質問に丁寧に答えて頂いたので、ぜひ今後のお仕事選びの参考にして頂ければと思います。

PRの実績がまだほとんどない人に依頼する場合、どんなポイントを見ていますか？

A

ＰＲ実績のありなしにかかわらず、「プロフィール」「フォロワーの属性」「フォロワー数」などから、普段の投稿でどういったターゲット層に影響を与えているかを類推しています。

クライアントさんからヒアリングしたポイントを整理し、最適だと考えられるインフルエンサーさんを推薦し、ＰＲを依頼しています。

そうしたアカウントはどのように見つけるんですか？

A

日々リクルーティングもしていますが、普段お取り組みさせていただいているインフルエンサーさんからのご紹介も多いです。きっかけは様々ですが、フォロワー数の多い方のほうが、こちらからアプローチするケースは多いです。

割合としては、1万フォロワーを超える方が多いものの、必ずしもそれが基準というわけではなく、フォロワー数が多いほうが目立つから、というのもあると思います。

弊社では、フォロワー数が伸びている方を検知したり、フォロワーの属性解析をしたりするシステムを開発しているので、そういったツールも活用しています。

なかなか見つけてもらえない場合、自分から売り込むのはアリですか？

A

はい。私たちも全てのアカウントを見るのは不可能なので、ご連絡を頂けるとチェックできます。インフルエンサー向けに専用の連絡フォームを用意している代理店や企業も多いので、そこから連絡してみるのもいいかもしれません。
弊社もそうですが、実際それがきっかけでPRをお願いしたこともあります。

Q

PR案件の単価は、どのように決められていますか？

A

フォロワー単価の一般的な相場はありますが、弊社はあまり重要視していません。最終的にはインフルエンサーさん側が決めることなので、やはり自ずと相場には近づいていきます。

やはり、「誰が誰にインフルエンスしているのか」それが何よりも重要で、そのインフルエンサーさんの特徴やフォロワーさんの属性によって依頼する単価も変動していきます。

よくありがちなのが、フォロワー数やいいね数も多く、投稿単価も相場より安かったので依頼したけれど、ターゲット層とは違ったというもの。女性向けのコスメブランドのPRで、男性フォロワーが8割だった等、改めて細かく分析すると、ターゲットリーチの単価は逆に高かった、というような経験をされて頭を悩まされているクライアント企業の方も多いです。最近では、ツールも発達して、そのあたりを重要視している企業も増えています。

あとは、**フォロワー数の推移**にも着目していますね。数年前からフォローしている方より、直近でフォローしているフレッシュなフォロワーが多いほうが市場価値が高い印象です。

新人インフルエンサーに依頼する時の懸念点はありますか？

A

新人インフルエンサーさんだからというわけではないのですが、インフルエンサーは、投稿を見ている消費者の方々に対して良くも悪くも影響力を持っている方々なので、そういった意識で、どのような案件にも取り組んで頂きたいとは思っています。

どんなインフルエンサーに依頼したいと思いますか？

A

わかりやすい特徴を持っていたり、**フォロワーの属性が偏ってい**

る方のほうが**親和性**を高めやすいですね。

例えば、資格などの専門性を持っている方やメイク方法に特化したインフルエンサーさんのように、投稿コンテンツとフォロワーが見ている目的がわかりやすいインフルエンサーさんにはマッチする案件が見つかりやすく、弊社もよく依頼させて頂いていますね。

フォロワー数やいいね数もやはり重要ですが、このあたりがクリアになった上で、次に着目すべき一つの指標に過ぎないと思っています。

実際、いいね数は、例外があるにしろ、若いほうがつきやすい、異性のフォロワーが多いほうがつきやすい、肌の露出が多いほうがつきやすい、というような傾向があり、それを頼りに依頼してしまうと本質的なPRにはつながらないことが多いです。

今後もインフルエンサーは増えていって欲しいですか？

A

私たちは、価値観やライフスタイルが多様化する現代において、パーソナルに最適化された情報を発信して、見ている人たちを豊かにできるのがインフルエンサーだと思っています。

そのようなムーブメントを起こせる魅力的な人たちは、もちろん増えていって欲しいですね。


ぜひ参考にしてみて下さい！

まずはニッチな世界のトップに

私はアイドルを辞めてからの〝タレント〟時代、全くお仕事がありませんでした。

しかし、〝モテクリエイター〟というオンリーワンな肩書きを付けて発信を始めると、ニッチなポジションなのにもかかわらず、クチコミで少しずつフォロワーが増えていき、お仕事につながりました。

ニッチを極めた人が持っている情報や経験は珍しがられるので、他の人では代わりのきかない存在になれると思います。

SNSを使って思うのは、**〝ニッチであればあるほど熱量が高まる〟**ということ。「わかる〜！」という共感で拡散されていくので、現実世界で共感してくれる人が少なく、また、つながりを求めている人が多いニッチな分野であればあるほど、フォローしてくれる一人一人の熱量は高まる。そして、クライアントにも「面白い！」と思ってもらえたのです。

ニッチに攻めて特によかったなと思ったのは、すごい人に面白がってもらえたということです。今回出版させて頂いている幻冬舎の見城徹社長や堀江貴文さん、家入一真さんなど、多くの方々とSNSがきっかけで関わらせて頂けるようになりました。「元々コネがあるんだ！」と言われたこともありますが、本当に全くありませんでした。トップの本当にすごい方々って、もう「お金」ではなく、面白いか面白くないか。これが全てなのだなあとすごく思わされました。

なので、皆さんもまずは**小さな世界**で**トップ**になることを目指してみて下さい！

人脈は死ぬ気でつくる

私は21歳で会社を立ち上げてから、色んなビジネス書を読んでいたのですが、どの本にも「尊敬する人」として、幻冬舎の見城社長のお名前が書かれていました。そこから見城さんの著書を読んだり、出演されているAbemaTVの「徹の部屋」を欠かさず見るようになったり、友達に見城さんのことを語るようになったり。そのうちに、完全にファンになっていました。

そしていつしか、どうしてもお会いしたいと思うようになったのです。しかし、会おうと思ってお会いできるような方ではないことは十分にわかっていました。

そんな中、時間を売買できるアプリ「タイムバンク」に見城さんが出られたのを見て、速攻で申し込んだのです。見城さんとの90分を計算すると、約110万円。正直、そんな大金を使うのは初めてだったので、今でも申請ボタンをタップした時の鳥肌と、鼓動と、冷や汗を覚えています。

これは極端な例ですが、**人脈は自分で死ぬ気で動けばつくれる**と思います。しかし、それで覚えてもらえたり、興味を持ってもらえたり、ビジネスにつながるかというと、そうとは限りません。

では、何をすればいいのか？

一番憧れの方である、見城さんとお会いしたい！　と思った時、私は「出会い方」について考えました。**どんな人と会う時も、出会い方が肝心。**どんな出会い方をするかで、相手からの興味の持たれ方が変わると思ったからです。

特に見城さんのように、会いたいと思っている人が大勢いて、毎日のように面白い人と会っているような方の場合は、最初から興味を持ってもらえるはずはありませんよね。

だからこそ、私は誰かに紹介してもらうのではなく、タイムバンクを使ってラブレターを送らせて頂きました。タイムバンクというサービスがスタートし、まだリワードを使っている人が少なかった中、「女の子が110万円も払って会いに来るらしい！」と、会う前から面白がって頂けるのではないかな、と思ったのです。

さらに、憧れの人に会える場面になったら、私は相手の**記憶**に残るような、**強烈な印象**をつくりたいと思っています。

例えば、見城さんにお会いした時は、当日着ていく服についてかなり考えました。ファッションは第一印象においてかなり重要だと思います。**自分の個性を一発で伝えられるからです。**

しかし、見城さんは本当にオシャレな方なんです。いつも素敵なファッションをSNSに上げられていて、ハードルは高くなります。

私はどんなファッションで会いに行ったら印象に残してもらえるだろうか……。

悩んだ末に選んだのは、エミリオ・プッチのワンピース。見城さんが著書の中で「プッチを着ている女が好きだ」と書かれていたからです。

数ある著書の中のたった1行ですが、「あの本面白かったです」なんてありきたりな感想を言うよりも、ずっとファンであることが伝わると思いましたし、記憶に残してもらえるのではないかなと思いました。お財布を握りしめ、伊勢丹にいざ買いに行ってみたら15万円もしてびっくりしたの

ですが！（笑）

ちなみに、堀江さんと初めて対談した際は、会場となるお店の前で生配信をして待っていました。「初めまして。私はこんなことをやっていて……」という自己紹介をしても、堀江さんには絶対に面白がってもらえないし、**そんな挨拶100万回**くらいされているだろうなと思ったからです。

堀江さんがお店の前に登場したタイミングで「堀江さんが来た！　じゃあ、またね！」と配信を切ると、「今、何してたの？」とツッコミが！（心の中で「やったー」と叫びました）。

実際に生配信している様子を見てもらったことで、堅苦しい自己紹介の手間が省け、一発で「生配信やSNSで発信しています」という自己紹介ができ、スムーズに対談に入ることができました。

また、多くのスタートアッパーにアドバイスをされている投資家のけんすうさんにお会いしたいと思った時も、アプローチの仕方を考えました。きっと多くの方が「アドバイス欲しいです！」というメッセージを送っているだろうし、それでは記憶には残らないだろうし、お忙しいだろうから資料を見る時間も無さそう。だけど、けんすうさんはTwitterを多く更新されているので、スマホを持っている時間は比較的長いのかなと考えました。

そこで、事業計画書ならぬ、事業計画動画を作成し、私のYouTubeチャンネル上に限定公開をしてお届けすることに。すると、「サクッと何度も見られる!」「今までこんな人いなかった! 面白い!」と、興味を持って頂けたんです。

憧れの人、お仕事したい人に、もしかしたら知り合いのツテで会えた! なんてこともあるかもしれません。ただ、会えただけでは意味はなく、そこからいかに興味を持ってもらえるか、面白いと思ってもらえるか、です。そのためには、相手への想像力を働かせ、どんな出会い方をしたら面白がってもらえ、また会いたいと思ってもらえるのか。そこを考え続けることが大事だと思います。

第5章

#SNSでブランドをつくる

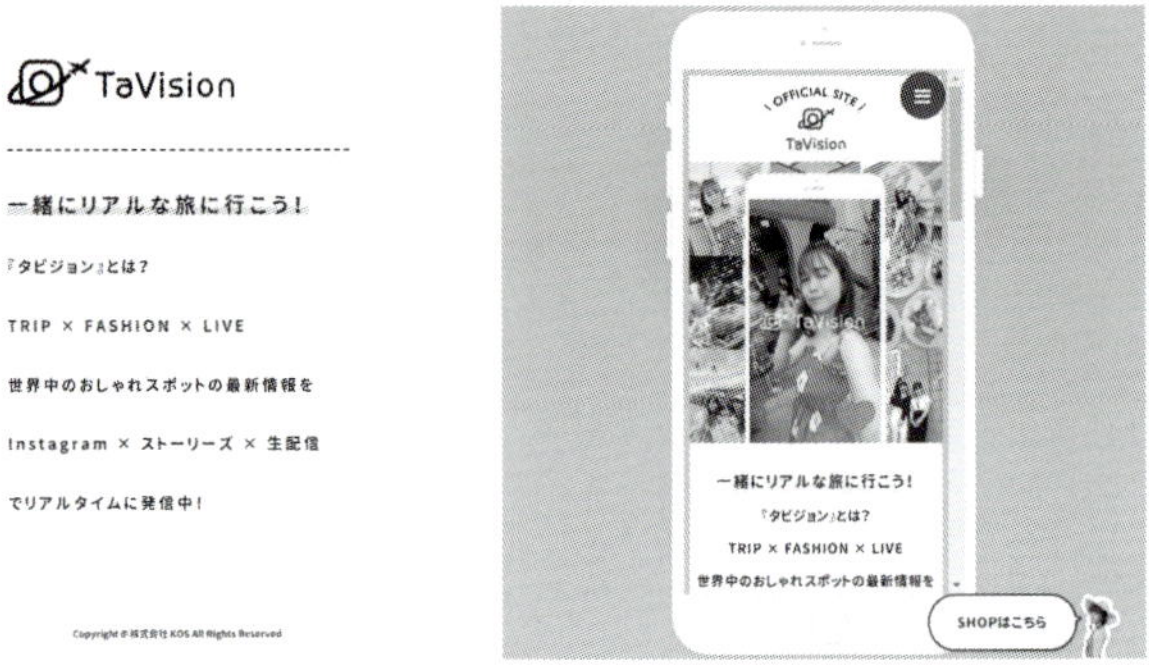

ファンづくりが事業成功の最短ルート

仕事を「依頼される」にはどうすればいいか？　という視点でここまでお伝えしてきましたが、自分でゼロから事業を立ち上げられるという観点でも、ＳＮＳは最強のツールです。

第５章ではこれまで身につけた発信力を使って、「商品を売る」というテーマでお伝えしていきたいと思います。

私が自分で立ち上げた最初の事業が「ＴａＶｉｓｉｏｎ」というサービスでした。

これは、私やインフルエンサーの女の子が海外旅行に行き、ガイドブックやネットの情報だけではわからない現地の様子を、インスタの投稿や生配信機能を使って、リアルタイムで発信する、というサービスです。フォロワーからのリクエストを聞きながら買い付けをし、そのアイテムを現地からライブコマースで販売もしています。

このサービスを立ち上げようと思ったきっかけは、私自身、旅に対して興味はあるものの、不安が多くあったから。英語も話せないし、ガイドブックを見ても全然不安が解消されなかったんです。実際、「リアルタイムで動画を見て、現地の情報を肌で感じてから行きたい」という同じ悩みを持っている子が周りに多くいました。だけど、旅に行くのに〝お試し〟はできない。

それだったら、そんな悩みを解消しながら旅の楽しさを伝えられるサービスを自分でつくってしまおうと思ったのです。

当時はちょうどＩｎｓｔａｇｒａｍを始めた頃で、Ｉｎｓｔａｇｒａｍ上で何か仕事ができたらいいな、という想いも強かったので、きちんとした事業計画を考える前に行動を開始。

最初に着手したのは、**「サービス」として認識してもらうためのロゴの作成**でした。それから、スケジュールと内容を決めて、ストーリーとコンセプトを固めていきました。

とりあえず形からつくって、後から計画を立てる。今振り返ると、結構見切り発車なスタートでした。

次に取りかかったのは、自分のアカウントのフォロワーさんへの共有！

実は、ここが最も重要なステップでした。「TaVision」を「サービス」として成立させるためには、見てくれるファンの存在が必要不可欠だったからです。**サービスを制作している個人にあらかじめファンがいるというのは、スタートの時点から本当に強みになります。**

そして、ある程度サービス自体にもファンが付いてくれた段階で海外に行き、現地からの情報発信を敢行。買い付けたアイテムの販売もスタートし、現在のサービスの原型が完成しました。

海外から生配信で商品を売る。そんなサービスを一から立ち上げると言うと、なんだかものすごく大それた事業のように思えますが、SNSを使えば簡単にできてしまうのです。

実際に、「TaVision」も最初はツイキャスで商品を紹介し（当時はインスタに生配信機能がなかったため）、BASE（無料で開設できるネットショップ）で販売と、既存のサービスを利用したので、旅行代以外の元手もほとんどかかりませんでした。

生配信すら一般的ではなかった時代に、現在のライブコマースと同じ形でできたんです。自分のやりたいことに共感してくれるファンの人たちさえいてくれれば、どんな仕事でも生み出せると感じました。

PDCAではなくDCPA発信サイクル

既にフォロワーがいる状態だからといって、最初から完璧に全てがうまくいく、なんてことはもちろんありません。安定した収益を出せるようになるまでには、時間と労力がかかります。運営していく中で色んな課題が見えたり、もっといいアイデアを思い付いて方向性を変えたり、新しい機能やサービスが登場したら、それを取り入れたり。新規事業にアクシデントや変更はセットです。

「TaVision」も、マネタイズを考える前にまずサービスを立ち上げてしまい、とにかく最初は自腹で旅に行ってはその様子を発信し、アイテムを販売しました。黒字化よりも、少量でも商品が完売した、という実績をつくる方を重視していたからです。

その後で旅行会社とのタイアップを考えたり、オリジナル商品の販売を計画したりしました。広告代理店に実績や今後の計画をプレゼンしてフィードバックをもらったり、フォロワーからの反応を見たりしながら、軌道修正をする。そうした試行錯誤を繰り返して、サービスを成長させてきました。

よく、「ゆうこすさんはPDCAサイクルがめちゃくちゃ早いですよね」と言われるのですが、私の場合は結果的にPDCAではなく「DCPA発信サイクル」になっていると思います。

まずやってみて**発信（Do）**、うまくいかなかったらその理由を考えて**発信（Check）**、改善策を立てて**発信（Plan）**、即実行して**発信（Action）**！　私は何をやる時にもこんな感じです。この4つの工程を一日でやってしまうことも珍しくありません。

とにかく、発信までのスピードを速くすることで瞬時にリカバリーし、フォロワーさんと一緒に成長してきたのです。

DCPA発信サイクルを繰り返してきたからこそ、フォロワーさんに愛され、それ以外の人にもSNS上で知ってもらうことができ、面白がってもらえ、自分の成長速度を加速度的に上げられたのではないかなと思います。

もし、皆さんに今漠然とやりたいことがあって、SNSでの発信力も付けられているのなら、もう動いてしまってもいいと思います。スピードが優先される今の時代、誰かが同じアイデアを具現化する前に、見切り発車でフォロワーさんを巻き込みながら始めてみて下さい！

失敗を一番に発信する

ＳＮＳで「これから○○○をやっていきます！」とフォロワーに向けて大々的に宣言してみたのに、失敗してしまった。こんな時、あなたはどうするでしょうか？
失敗した自分を恥ずかしいと感じる？　うまくいくかどうかわからないのに宣言した発信を消して、なかったことにしてしまうでしょうか？

いいえ、そんな時こそチャンスなんです！

第３章で「失敗」もストーリーとして見せれば「応援」に変えられる、というお話をしましたが、失敗をＳＮＳで公開する効果はそれだけではありません。
「失敗」は「価値ある情報」にもなるのです。

ここまでも書いてきた通り、私は見切り発車で発信してしまうことが多いので、失敗もたくさんあります。

その一つが、Ｉｎｓｔａｇｒａｍに新規導入された動画投稿機能「ＩＧＴＶ」を初めて使った時でした。

ＳＮＳを愛する者として、**新サービスが出たら誰よりも早く使ってみることを信条**にしている私は、ＩＧＴＶも、導入が発表されたその日に早速試し、動画を投稿してみました！

ところが、初めてのツールはとにかく使い方がわからない。

画角のサイズ感を間違えて文字が見切れてしまったり、テンポ感が悪く離脱率が多かったり。完成度の低い動画には「あまり面白くなかった」というコメントが寄せられる始末。

『ＳＮＳで夢を叶える』という本まで出して、ＳＮＳの使い方を指南している立場なのに、完全に失敗してしまったのです。

正直、恥ずかしかったし、とても悔しい思いをしました。

あまりに悔しかったので、すぐに使いこなしてみせると使い方を必死で研究。

翌日には、ＩＧＴＶの利点やオススメの使い方、私が失敗した点や、他人からは見えないエンゲージメントのデータなどをまとめ、画像付きで詳細にｎｏｔｅに投稿しました。

その「ＩＧＴＶをいち早く使って分かった勝ち方」という記事は瞬く間にバズり、なんと英訳されてアメリカのＩｎｓｔａｇｒａｍ社の人にまで届くことに。この記事をきっかけに、「日本にはこんなインスタグラマーがいるのか！」と認識してもらったようです（Ｆａｃｅｂｏｏｋ Ｊａｐａｎの方に教えて頂きました）。

さらに、その失敗を踏まえて、すぐに2本目の動画も作成。すると、また新たな失敗が見えてきたので、1本目の記事を投稿した4日後には「ＩＧＴＶをもう1回使ったらもっと分かった勝ち方」という2本目の記事をｎｏｔｅに投稿しました。

私は何事も、最初に発信した人が勝つ！　と信じています。

まだ誰も挑戦していないフィールドは、完全なブルーオーシャン。だから、みんなが「どう使おう」「失敗したくない」と悩んでいる間に、どんどん挑戦して失敗したい。

たとえクオリティが低くても、**一番先**に**情報**を出せれば、それだけで**目立てる**し、**圧倒的**な**チャンス**があると思うんです。

ただでさえ挑戦する人が少ない中、つまずいた問題と、その解決法まで合わせて発信できる人はほとんどいません。おそらく、100人いたら、挑戦するのは10人くらい、改善策まで赤裸々に発信できるのは、1人くらいの割合でしょう。

となると、その「失敗」は、これからその機能を使いたいと思っている人みんなにとって「有益な情報」になるのです。

情報力の**高い失敗**って、めちゃくちゃカッコいいですよね。だからこそ、私は「失敗」はお金を払ってでも買いたい！　そう思っています。

でも、その情報を発信するのが、失敗してから1ヶ月後では意味がありません。**失敗したら即検証して、その解決策までセットですぐに発信**するからこそ「価値のある情報」になる。

私がスピードを重視する理由はここにもあるのです。

ブランドは熱狂的ストーリーづくり

私は2017年11月、「youange」（ユアンジュ）というスキンケアブランドを立ち上げました。

インフルエンサーはPR案件を受けるというマネタイズ方法だけではなく、せっかく自分で影響力を高め、自分のファンが付いてくれているのだから、本来なら自分で商品やブランドを生み出し、**失敗**も**成功**も**葛藤**も、**全部**フォロワーのみんなと**共有**しながら一緒に**成長**させていくべき。応援してくれる人たちも、きっとそれを望んでいるはず！

そういう思いから、自分のインフルエンサーとしてのストーリーの中に「ブランド立ち上げ」を入れたのでした。

スキンケアブランドをつくろうと思ったのは、私自身が安心して使える基礎化粧品が欲しかったから。元々肌が弱かったことに加え、慢性的な睡眠不足でひどい肌荒れに悩まされていたのです。

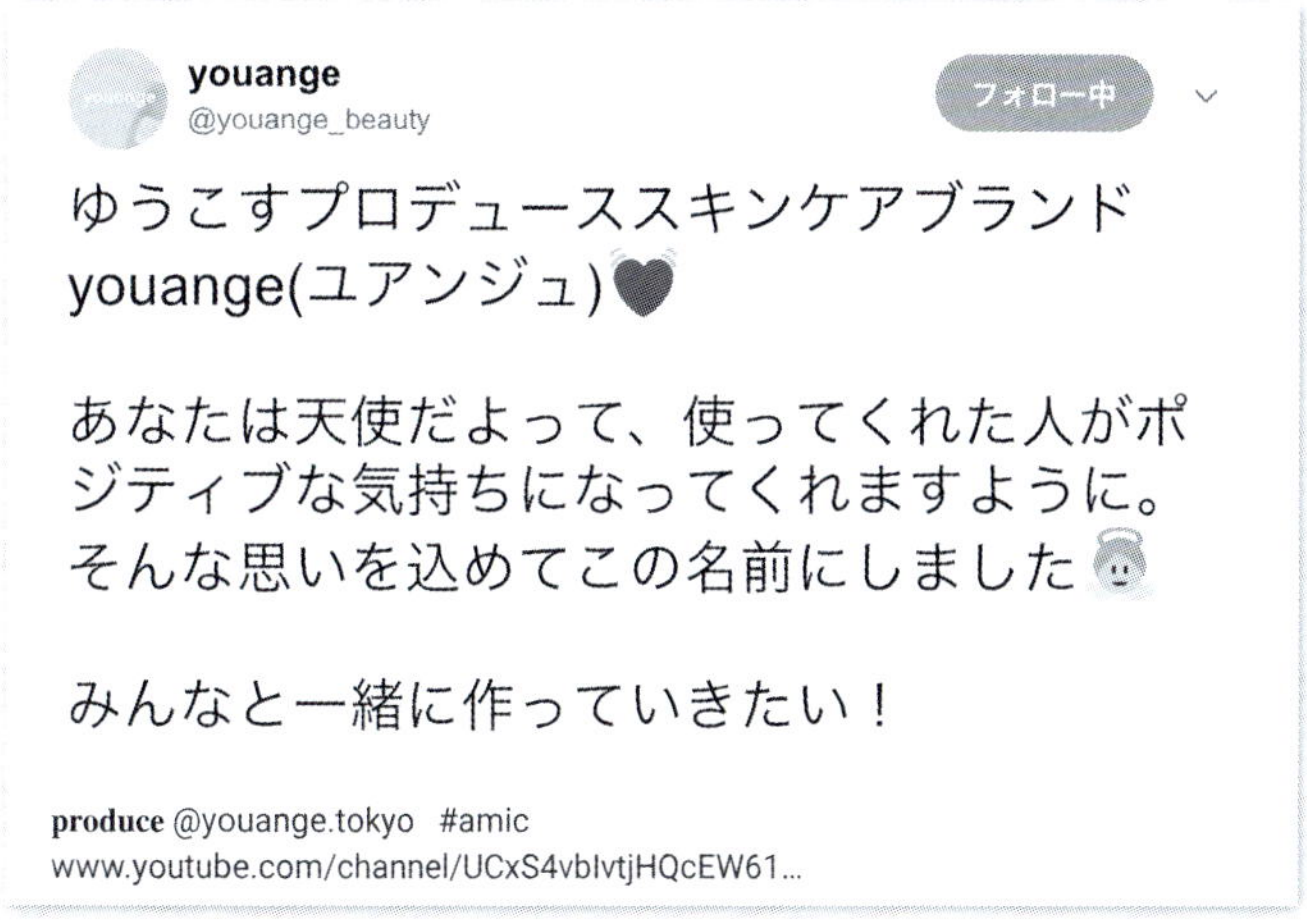
youange
@youange_beauty
フォロー中
ゆうこすプロデューススキンケアブランド
youange(ユアンジュ)
あなたは天使だよって、使ってくれた人がポジティブな気持ちになってくれますように。
そんな思いを込めてこの名前にしました
みんなと一緒に作っていきたい！
produce @youange.tokyo #amic
www.youtube.com/channel/UCxS4vbIvtjHQcEW61...

そこで、私と同じような悩みを持つ女の子たちが、ポジティブな気分になれるような低刺激処方のスキンケア商品をつくりたいと思いました。ブランドメッセージは、「明日のかわいいは夜仕込む」に決めていました。忙しい女の子たちが、翌朝起きるのが楽しみになってくれるようにと想いを込めたかったんです。

さらにもう一つの理由として、スキンケア商品はPR案件を何度も受けられないと思ったからです。

コスメやファッションは流行や季節によって使うものが変わるのが当たり前ですが、スキンケアアイテムって頻繁に変えないですよね。**〝信用〟を第一に考えると、スキンケア商品のPR案件は何度も何度も受けることはできません。**なので、スキンケアアイテムは自分でつくって自分でPRしようと思ったのです。

本当に使い続けたいと思える商品にしたかったので、化粧水の成分からロゴ、ポンプの形やボトルのデザイン、発送に使うダンボール一つまで、とことんこだわりました。何度もボトル工場や梱包の会社に通いましたが、なかなか納得のいく仕上がりにならず、完成間近の段階までいった試作品を一からやり直したことも。その分、初期費用も想定以上に膨らみ、発売日も予定から1年以上延期になりました。

それでも、絶対に妥協はしたくなかった。最後まであきらめずに、とことん理想を追求し続け、2018年9月、ついに納得のいく商品が完成。実に**2年以上**の歳月と**3000万円**という莫大な費用を注いだ、渾身《こんしん》のスキンケアブランドが誕生しました。

ファンの皆さんに完成の報告をした日のことは、きっと生涯忘れないと思います。

私のありったけの情熱を込めた「youange」は、もちろんSNSで告知し、インスタライブを行いながらの発売でしたが、直後から注文が殺到！**約3万人**の方が買いに来てくれました。

発売から数ヶ月経った現在でもつねに品切れ状態が続いており、とにかく発注し急いで生産してい

る状況です。

自分に共感してくれているフォロワーさんに、自分が生み出したものを手に取ってもらい、感想を頂いた際の感動は未だに忘れられません。

ファンと行う共創マーケティング

「youange」の商品開発中、何度フォロワーの皆さんに相談をさせてもらったかわかりません。

発売の約1年前から開設した公式Twitterやインスタ、LINE LIVE配信でデザインやロゴについて意見を聞いたり、「逆にどこが嫌だと思った？」と理由まで聞いたり、成分について作戦会議を行ったり。

「youange」というブランドは、フォロワーの皆さんと共につくったのです。

SNSで自分のブランドを立ち上げるなら、絶対にフォロワーの皆さんと一緒につくり上げた方がいい。私はそう思っています。

なぜなら、一緒につくった商品やサービスは、ファンの皆さんがつくり手の一人でもあり、最初から商品のコアなファンが生まれている状態になるからです。

ボトルのデザインからポップアップショップのレイアウトまで、私は制作途中のつまずきや悩んでいる過程まで全て発信し、何度もフォロワーさんの意見を取り入れさせてもらいました。

すると、発売を心待ちにしてくれるファンが増えました。企画誕生から完成までの〝試行錯誤のストーリー〟を見ているので、その商品に対する思い入れが強い方が本当に多かったです(発売前からInstagramのブランドアカウントは2万人を超えていました!)。

そして、**フォロワーの皆さん**はもはや**制作チームの一員**なので「他の人にも広めたい」という強い気持ちを持ってくれている。そんな方がたくさんいて、とても支えられました。

今ではサービスや商品を新しくつくる時に「クラウドファンディング」を使って資金調達をする流れも一般的になってきました。

まずは、自分のやりたいことを発信して、そこに共感してくれる人を集める。そして、リターンを提供することで応援してもらい、その商品が生まれる前からファンになってもらう。目標額に到達し、商品が完成したら、今度はそれを広めるお手伝いまでしてもらう。

クラウドファンディングを使えば、たとえ初期費用が用意できなくても、共感してくれるファンを集めることさえできれば、新しいビジネスを生み出せます。

ぜひこうしたサービスも使いながら、今後、自分のブランド立ち上げに挑戦するインフルエンサーがどんどん増えていって欲しいなと思います。

想いをのせて売るライブコマース

2017年頃からよく聞かれるようになった「ライブコマース」という言葉。皆さんは、どんな仕組みかご存じでしょうか?

ライブコマースとは、生配信をしながら商品を販売する新しいEコマースの形。視聴者はリアルタイムで生配信者(ライバー)に質問やコメントをしながら商品を購入できます。

先行する中国では、2時間で3億円を売り上げるインフルエンサーもいてかなり盛り上がっています。日本でも多くの企業がプラットフォームをつくって新規参入しているので、私も、これまでにいくつかのプラットフォームでコラボアイテムなどを販売してきました。

忙しい人にとって普通に買い物をするなら、AmazonのようなECサイトの方が便利かもしれません。ライブコマースはまず生放送を見なければいけないので、商品購入のためにある程度の時間を要するからです。

でも、ライブコマースには、通常のEコマースにはないメリットがたくさんあります！

1 購入者の不安を解消できる

「購入方法がわからない」「泡立て方がわからないから泡立ててみて欲しい！」といった、ちょっとした疑問点をすぐにコメントで聞くことができるため、購入者の不安を解消できます。

2 想いを語れる

リアルタイムで、声や表情、動作、全てを使いながら想いを語れるので、ECサイトでは難しい〝熱量〟を届けることができます。「youange」では、私が昔から悩まされてきたニキビや肌荒れのエピソードを語った時の反響が大きかったです。

3 コミュニケーションが取れる

これが一番のメリットだと思います。お店で店員さんに話しかけるのって勇気が必要ですよね。

しかも、対面しているとなかなか思っていることをそのまま伝えづらい。

けれど、コメントであれば直接顔を合わせている訳ではないので赤裸々トークをすることができます！　ライブ配信上で仲良くなって、実際の店舗に会いにいってみたい！　なんてケースも、「youange」でポップアップを開催した際に、ありました。

4　購入者に感謝を伝えられる

ECサイトでも「ご購入ありがとうございました」という文字は表示できますが、どこか形式的。その点、ライブ配信では表情と声と全身を使って、心からの感謝の気持ちを伝えることができます。

5　売れ残りを0にできる

販売を開始して、「あれ、なんでこの商品だけ売れ行きが悪いんだろう」という場合もあると思います。私も「youange」の販売中、メイクを落とすクレンジングだけがなぜか売れない、ということがありました。でも、良さを伝えきれなかったんだと生配信中に反省し、改めてクレンジングの説明を丁寧に行ったところ、みるみる売れていったのです。リアルタイムで売り上げを確認しながら、商品の紹介を工夫できる点もライブコマースのメリットだと思います。

「youange」は基本的にライブ配信を使って販売をしているのですが、実は第一回目のみ生配信を行いませんでした。この時は、1時間で170個という結果でした。これでもすごいなと思うのですが、2週間後、同じ時間にもう一度生配信を行いながら販売してみると、25分で500個という結果に！　ライブコマースでつくり手の想いを語る強さを改めて感じました。

それから何度もライブコマースを続け、現在では5分で3300個が完売するように！　売り上げで言うと1300万円ほどです……驚愕。

意味付けと説得力のあるストーリー

ライブコマースを成功させるには、紹介する商品に対して説得力のある「ストーリー」を付加させられるか？　これが重要なポイントになります。

画面の向こうにいるのは、わざわざ30分、1時間と貴重な時間を使って配信を見てくれているお客さんです。でも、全員がその商品が欲しいと思って見ている訳ではありません。

だからこそ、誰から、どんなストーリーを聞いて商品を買うのかという「意味付け」がとても大切なんです。何気なく見ている人の購買意欲を掻き立てるためには、魅力的、かつ説得力のある「ストーリー」を伝えることが必要なのです。

私は自分の商品以外にも、ＰＲ案件としてライブコマースをすることも多くあります。約2年以上ライブコマースに携わってきて、完売の実績もたくさんありますが、どんな商品でも必ず売れるかというと、そうではありません。

どんなに優れた名品であっても、高い販売実績を持つライバーによる紹介であっても、その人自身が売る意味が無く、共感もできないような商品は売ることができないのです。

例えば、40代以上の女性をターゲットにした基礎化粧品の販売を依頼されたとします。

でも、20代前半の私が「最近、シミやシワが増えて、お肌にハリも無くなってきて……」とその商品を使いたい理由を語ったところで、説得力が無いですよね。私自身も、その商品を使うメリットを真に理解することはできないので、必要以上に話したくなるほどの熱を持って魅力を伝えられません。結果として、40代以上の女性が私の配信に共感できないので、購買にはつながらない。

だからこそ、ライブコマースのお仕事を受ける時は、自分が本当にいいと思えるかどうか？　自分が伝えることにメリットがあるのか？　という軸を何よりも大切にしています。


そしてライブコマースでは、「いつでも買えるもの」を売るのはオススメしません。

同じ商品をAmazonでサクッと買えちゃうんだったら、わざわざ生配信は見ません。**生配信中にしか買えない！　生配信中のみ○○が付いてくる！　など、そういう特典を付けることで改めて「見る意味」が生まれるのです。**最近、ECサイトに書いてあることをただ読み上げるだけの生配信をよく見かけますが、コメントも少なく、実際購入につながっているかというと疑問です。


日本でも様々なプラットフォームが立ち上がったものの、思うように売り上げが伸びずに終了してしまったライブコマースサービスも少なくありません。

ライブコマースがいまいち日本で盛り上がらない背景には、ここまでお伝えしてきたようなポイントをきちんと理解できているライバーや企業が少ないからではないかと考えています。

ということは見方を変えれば、**他のＳＮＳに比べてまだまだライバルが少なく、とんでもなく目立てるチャンスがあるとも言えるのです。**

自分が紹介する商品に対して、きちんと「意味付け」をし、説得力のあるストーリーを語れるライバーは最強！

今は個人でも簡単にライブコマースができるプラットフォームがあるので、ぜひ自分が本当にいいと思える商品、自分がオススメする意味のある商品を選んで、ライブコマースに挑戦してみて下さい。

ライブコマースで結果を出すテクニック

ライブコマースで商品を多くの人に買ってもらうためには、「意味付け」と「ストーリー」以外にも様々な工夫が必要です。私も２年以上のライブコマースの経験の中で、つねに試行錯誤を続けてきました。

最初は誰でも手探りの状態から始めることになりますが、少しでも本書を読んで下さっている方がいいスタートを切れるよう、私がこれまでに培ってきたテクニックをまとめてご紹介します！

ライブコマースをする時、私は1回の放送でやるべきことを、大きく次の3つに分けて考えています。

❶場をあっためる時間（10分）
❷商品を解説しながら売る時間（40分）
❸買ってくれた人に感謝の気持ちを伝える時間（10分）
＝計60分

放送がスタートしたら、まず「**❶場をあっためる時間**」をつくります。

自己紹介や近況を話したり、視聴者に「見に来てくれてありがとう！」とお礼を言ったり、コメントをしてくれた人の名前やコメントを読み上げてお返事をしたり。いきなり商品を売るのではなく、まずは配信を見に来てくれた人たちとのコミュニケーションを意識します。そうすることで、この配信では色々質問しても答えてもらえるんだ、という参加しやすい雰囲気をつくるのです。

そして、「**❷商品を解説しながら売る時間**」。この時間からが本番となります。

ライブコマースは文字通り「ライブ」で行われるもの。普通のEコマースとは違い、売り手であるライバーが発売のタイミングをその場でコントロールできます。

だからこそ、視聴者とコミュニケーションを取りながら、場が温まってきたな、と感じたタイミングで勢いよく販売スタートを切ることが大事！　商品販売タイムに切り替える瞬間は、「今から販売するよ！」と声がけをして視聴者の注意を引き付け、多くの人とライブ感を共有しましょう。

こうして生配信中に〝販売スタートの瞬間を共有する〟ことも、ポイントの一つです。

販売スタートの瞬間を一緒に切ることで、販売者側の熱量も高まりますし、購入者の背中も押される。すると、ライブ配信での特別感が増すのです！

商品を紹介する時は、色々な角度から隅々まで映すことを意識します。

人間は9秒間、同じ画が続くと飽きてしまうそうなので、私もライブ配信中はつねにカメラワー

youange.tokyo
ライブ動画
441
かいます！
2倍近く減りましたね😳😳
ゆうこすなら信頼感つよすぎて。
先行販売でラインで買ったから今回はここにいます！笑笑
youange.tokyo 固定済み
20時〜販売スタート！商品詳細、思いを語ります！コメントぜひ！
こんにちは

クを考えながら、動きを付けて撮ります。商品だけでなく、自分自身も仕草やポーズをこまめに変えると、見ている人が飽きない配信になります。

また、配信中は商品に対する質問がたくさん寄せられます。

「この部分がちゃんと見たい」とコメントが来たら、アップにして映したり、「素材や丈感はどんな感じ?」と聞かれたら、わかりやすく説明したり。質問にスピーディーに答えるためには、商品のことを全部頭に入れておく、または間違えてはいけない部分のみカンペを用意しておくのがオススメです。できるだけ多くのコメントを拾って回答してあげましょう。そうやってコメントにひとつひとつ丁寧に返していくことで、ファン(顧客)とコミュニケーションが取れ、仲良くなれますよ!

商品が売れ始めたら、何がどのくらい売れたのか、在庫を把握しながら伝えることも忘れないで下さいね。

そして、最後が「❸**買ってくれた人に感謝の気持ちを伝える時間**」です。

この時間、とっても大切です。買ってくれた人には「買ったよ」とコメントをしてもらうようにお願いして、バイネームで「ありがとう」と伝えてあげられると、なおベストです。「またこの人が紹介する商品を買いたい」と思ってもらうためにも、この時間は無くてはなりません。

ライブコマースは扱う商品数にもよりますが、一回の放送は30分から、長くても60分くらいが適切。短すぎると想いは伝わりませんし、長すぎても間延びしてしまって見る側が疲れるのです。だからこそ、ライバーには時間配分のコントロールが求められます。

3つのセクションに分けてタイムコントロールをしながら、ぜひ放送に挑戦してみて下さい！

企業アカウントは顧客と仲良くなる場

この本を手に取って下さっている方の中には、ブランドやサービスを既にお持ちで、SNSで発

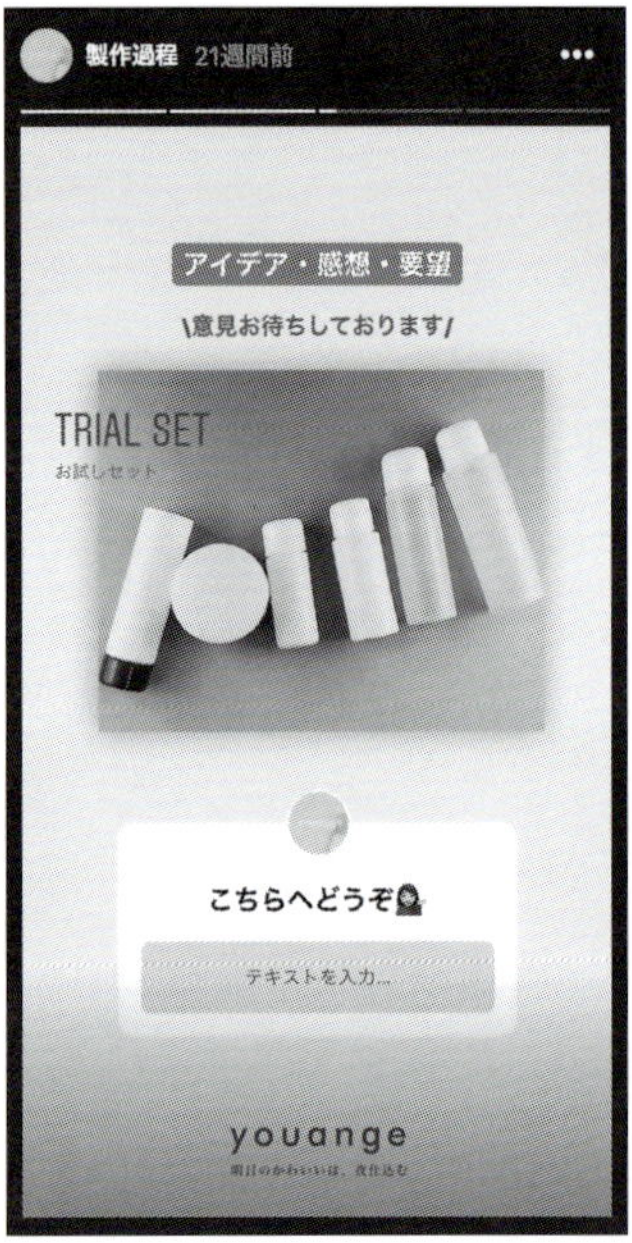

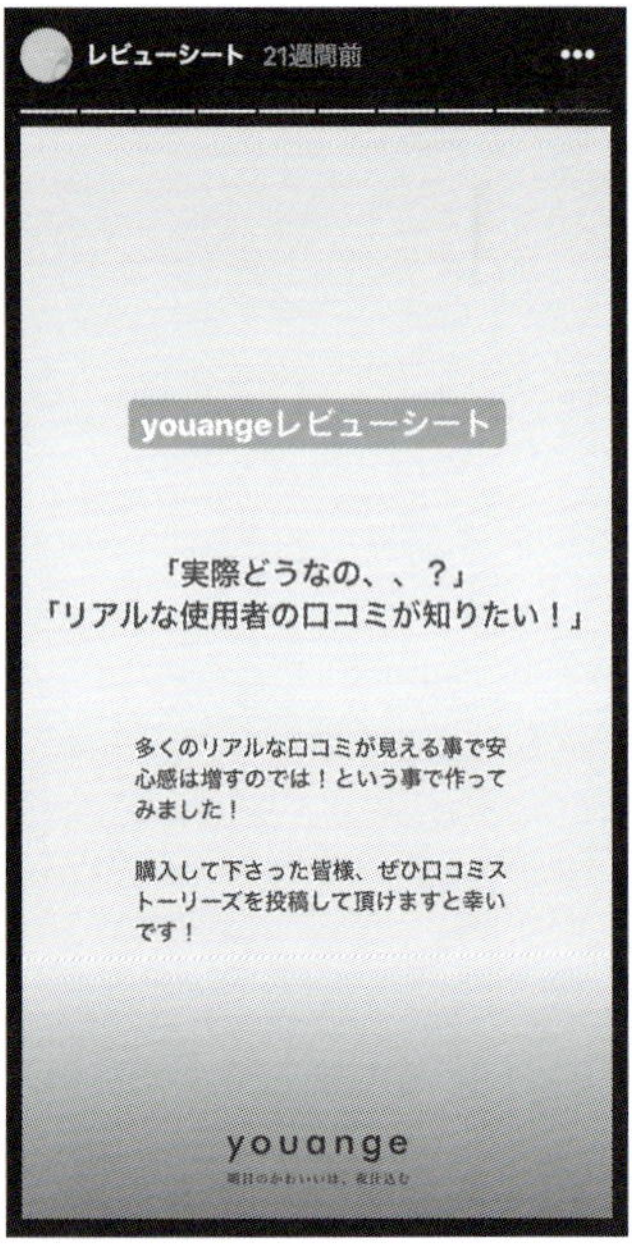

信したいから読んでいる方もいらっしゃると思います。

私も「youange」で公式アカウントを運用していますが、〝個人アカウント〟ではなく〝ブランドアカウント〟はフォロワーを増やしづらいと言われていますよね。

私は、「youange」の公式アカウントは「顧客の皆さんと仲良くなる場」だと思って運営しています。

コミュニケーションを取れる。それがSNSの醍醐味ですから！

ただ、どうしてもブランドアカウントは**人が感じられないため**、インタラクテイブになりづらいのが現状です。

ですので、私はブランドアカウントでは、積極的にフォロワーさんに「書いてもらう」というのを意識しました。

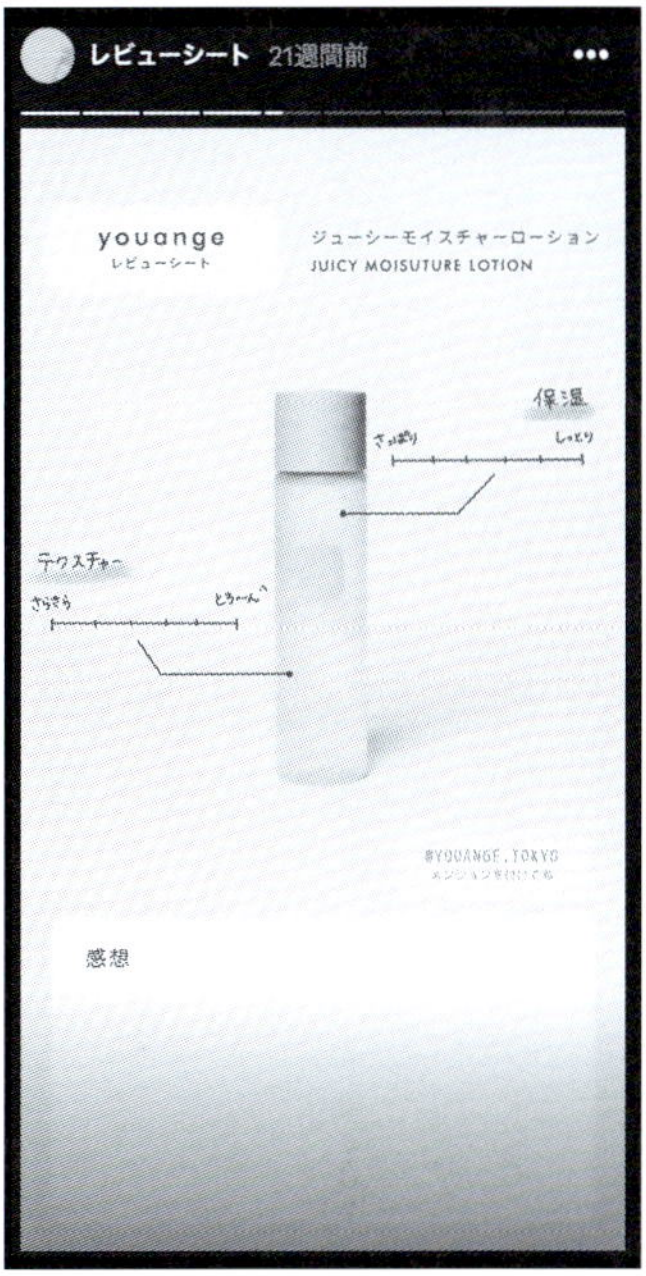

図のようにレビューシートを作成し、まずはブランドのコアなファンに書いてもらい、少しずつライトファン層の方にも書いてもらえるようになり、徐々にアカウントが盛り上がっていきました。**意見をもらう機会を増やすことで、参加してる感を楽しんでもらったのです。**

それ以外にも、自分の商品を紹介してくれている投稿を引用して紹介したり、生配信で顧客とコミュニケーションを取ったりと、できることは意外とあります。

「お知らせ」以外、何を投稿したらいいのかわからないという方は、まずは自分のブランドや企業の顧客とコミュニケーションを取ることをイメージしてみて下さい！

インフルエンサーはプロデューサーを目指そう

ここまで商品を売るための様々なテクニックをお伝えしてきましたが、SNSで影響力を持つインフルエンサーの理想の最終形態は「プロデューサー」だと私は思っています。

他の人がつくった商品を売るのではなく、自分が商品をつくる側になる。そして、売る段階まですべて一人でやるのです。自分にファンの人たちがいて、影響力があるうちに自分のブランドを立ち上げて、そのブランド力を高めていくプロデューサーになった方がいいと思うのです。

自らプロデューサーになるメリットは2つあります。

1つ目は、マネタイズを他人に頼らなくてよくなること。

インフルエンサーが収入を得る手段は、基本的には商品のPRを請け負うことしかありません。でも、PR案件の依頼が継続的に来るとは限らない。生活を成り立たせるためには、時に自分の主義を曲げて、意に沿わない案件を引き受けなければいけない時もあるかもしれません。

ＰＲ案件に振り回されないためにも、自らが売れる商品などの収入のベースを持っておくのは、非常に大事だと思います。

２つ目は、稼げる額が格段に増えるということ。

ＰＲ案件で、インフルエンサーがインスタの１回の投稿に対して支払われる報酬には限りがあります。

ライブコマースでは総売上額のうち数％がライバーに支払われる歩合制が取られるケースもありますが、例えばそれが３％だったら、１千万円売り上げても自分に入るのはわずか30万円です。

一度に稼げる額としては多いかもしれませんが、私は正直安いと思っています。

大勢のフォロワーに信頼されていて、その人たちに対して確実な影響力を持っているって、本当にすごいことです。 何十万人もの人たちがその人が紹介する商品を買った時に生まれる経済効果を考えたら、インフルエンサーに支払われる額は安すぎると思うのです。

宣伝だけすればいいと言われることもありますが、その宣伝に時間やアイデアを費やし、インフルエンサーはフォロワーの信頼を失うかもしれないリスクを取りながらＰＲをしています。

だから、商品を紹介したりコラボレーションしたりするよりも、自分で商品をつくって売るほうが初期費用はかかりますが、将来的には絶対に稼げます。

それに、その方がファンも嬉しいはずです。ファンはその人がPRする商品が好きだからフォローしているのではなく、その人自身が好きでフォローしています。その人が自ら想いを込めてつくった商品があったら、PR商品以上に買いたくなるでしょう。

さらにオリジナル商品であれば、制作過程でファンの意見も取り入れることもできる。ファンにとってはより購買意欲が湧く商品になるので、PRよりもはるかに多い売り上げをつくることができます。

丸く尖る発信をすることで、ファンをつくり、それを仕事につなげる。そこから、SNSで培ってきた発信力を「売る力」に変える。

SNSを使ってこうしたサイクルを自ら生み出すことが、令和時代の「仕事の創り方」のスタンダードにもなっていくと思っています。

#最後に

私は2016年から自分の夢をSNSで発信し始めて約3年が経っているのですが、Instagramを始めた当初、「今更インスタグラマー目指すの？（笑）」と言われ、2016年の末にYouTubeを始めた時も同じようなことを言われました。

でも、「今更」と言われても挑戦し、継続したことによって、多くの人の信頼を得ることができたんです。

いかに続けられるか。最後まで何があってもやり遂げられるか。

継続力。

これは発信者には必要です。

しかし、発信者は孤独でもあります。

不安や悩みを誰に相談したらいいのかわからない。一人で頑張り続けるのは辛い。

孤独ゆえに、継続できず発信を辞めてしまう方も、多く見てきました。多く見てきたからこそ、そして私もその不安や悩みに共感できるからこそ、自分の経験が少しでも役に立てばと思いましたし、発信者さんとつながりたいと思ったのです。

これからは、発信者とファンだけじゃなく、どんどん発信者同士もつながっていくべきだと思っています。

たとえジャンルが違っても、仲間をつくっていくべきです。孤独を癒すには、仲間の存在が大きいと感じているからです。

この本を読んでくれた方のSNS運用のプラスになれば。そして、この本を通して色んな発信者同士がつながることができたら。そんな思いで執筆しました。

執筆にあたり今までを振り返っていると、支えて下さった方や会いに来てくれたファンの子、本当に多くの人の顔が浮かんできました。

SNSはとても楽しいですよ。だって、こんなにも多くの人とつながることができて、そして感謝の気持ちを伝えられるのですから。

最後に、「本をつくろう！」と言って下さった幻冬舎社長の見城さん。執筆に苦戦し、何度も何度も相談に乗って下さった幻冬舎の設楽さん、小川さん。執筆サポートをして下さったライターの渡辺さん。そして、今回執筆するにあたって開設したオンラインサロンのメンバーのみんな！　皆さんのお陰で、とても素敵な本をつくることができました。本当にありがとうございました。

この本を読んで下さった皆さんの、ソーシャルパワーがＵＰしますように！

もしＵＰしたら、ＳＮＳでメッセージを下さい！　感想#共感ＳＮＳでお待ちしております。

ゆうこす

ゆうこすアップデートサロン

前原理央 @mrmr0122
吉田なる @naluyoshida
カラー＆コスメコンサルタント
渡辺樹里 @jewelblooming
まぽんゆ @pipipin084
はるかぶちょう by haruka
@koshikawaharuka
ran_ran101
真船 恵／マフメグ @hiyorimafmeg
doi naoko@doinao70
西田彩夏 @nishidalol
本橋優花 @LB_rie_fuka
竹内 しおり @taiyoooou125
増田千晴 @Chiha_0827
岡田楓
おはる @hrkmnky
はるかな @harukana_8
三浦えり @eripope
せらなつこ @sera_natsu
こまつみほ
大瀧真澄 @masumiotaki
河野結子 @y_yukos_update
さっぴー @saaapy27
めぐめぐぷりん @megu___89
山田茜 @chocolat.akane
石田みやび @myamo2
松谷 真理恵 @marie_lammin
古都 @orgarly_koto
明日梨 @s2azurin
あゆたす @ni52co_ayu
Yuka Noboru @bbcouture_yuka
Yuki
Ayaka
@ohitorigram
中村理沙
あんじゅ先生☆漫画家 @wakanjyu321
みな
たむ @tamutamu3041
お肉系歯科医師まりこ @den_maru_t
吉田佐希子
みやしたあい @am14ffl
赤髪社長にゃんたん @nyamtan24
八木有沙

Staff

デザイン	渡邊民人 谷関笑子 （TYPEFACE）
写真	五十嵐瑛仁（カバー） 世良菜津子（P.173～177）
ヘアメイク	佐川理佳
イラスト	水谷慶大（P.167） もりたりえ（P.74）
マネージメント	木村融 太田佳樹 （KOS）
編集協力	渡辺絵里奈
編集	設楽悠介 小川貴子 （幻冬舎）

Special Thanks

FISM 株式会社
株式会社 hashout
株式会社 Hotspring
株式会社 MJE 〔la billage〕
はましゃか
オリタケイ

共感SNS

丸く尖る発信で仕事を創る

2019年5月20日　第１刷発行
2023年3月15日　第10刷発行

著者
ゆうこす

発行者
見城 徹

発行所
株式会社 幻冬舎
〒151-0051 東京都渋谷区千駄ヶ谷4-9-7
電話　03(5411)6211［編集］
　　　03(5411)6222［営業］
公式HP：https://www.gentosha.co.jp/

印刷・製本所
中央精版印刷株式会社

ISBN978-4-344-03472-3　C0095

この本に関するご意見・ご感想は、
下記アンケートフォームからお寄せください。
https://www.gentosha.co.jp/e/